# L'Art de Reconnaître Les Fraudes

**EMILE-BAYARD**

TABLEAUX — DENTELLES
CULPTURE — MEUBLES, etc.

NOMBREUSES ILLUSTRATIONS

R. ROGER & F. CHERNOVIZ, Éditeurs, PARIS

# L'Art
## de Reconnaître
## les Fraudes

## OUVRAGES DU MÊME AUTEUR

L'Art de Reconnaître les Meubles.
L'Art de Reconnaître les Dentelles.
L'Art de Reconnaître la Céramique.
L'Art de Reconnaître les Styles.
Le Style Louis XIII.
Le Style Louis XIV.
Les Styles Régence et Louis XV.
Le Style Louis XVI.
Le Style Empire.
L'Illustration et les Illustrateurs. Préface de H. Havard, Inspecteur général des Beaux-Arts.
La Caricature et les Caricaturistes. Préface de Ch. Léandre.
Les Arts de la Femme.
Les Arts et leur Technique.
L'Education artistique par l'Image et l'Anecdote.
L'Histoire de l'Art en Images.
L'Art en Anecdotes.
Les Connaissances essentielles de l'Art.
Plantes et Fleurs. Préface de M<sup>me</sup> Madeleine Lemaire.
Les Animaux d'après nature. Préface de Gardet.
L'Art de la Gravure simplifiée.
L'Art du Bois sculpté.
L'Art du Métal. Préface de J. Baffier.
Les Grands Maîtres de l'Art.
L'Art du Goût.
    Etc.

GUIDES PRATIQUES DE L'AMATEUR ET DU COLLECTIONNEUR D'ART

## ÉMILE-BAYARD
INSPECTEUR AU MINISTÈRE DES BEAUX-ARTS

# L'Art de Reconnaître les Fraudes

PEINTURE, SCULPTURE, GRAVURE, MEUBLES
DENTELLES, CÉRAMIQUE, etc.

OUVRAGE ORNÉ DE 115 GRAVURES

DEUXIÈME ÉDITION

PARIS
R. ROGER ET F. CHERNOVIZ
*Libraires-Éditeurs*
95, BOULEVARD RASPAIL, 95

1920

*En Hommage amical*

*à Monsieur Alphonse Chautemps*

E.-B.

# L'Art de reconnaître les Fraudes

## CHAPITRE PREMIER

Le Mirage de l'Antiquité. — Amateurs et Snobs
Marchands d'illusion

Le mirage de l'antiquité, en matière d'art, a souvent nui à la qualité de l'amateur qui, très souvent, a passé dédaigneusement devant la beauté de son temps pour se pâmer sur des ruines sans valeur. Le critérium esthétique de certains amateurs est, ainsi, borné au moindre délabrement, à la moindre poussière des temps, plus ou moins vénérables, selon l'artifice.

Malgré que, logiquement, le maquillage soit réservé au mensonge de la vieillesse, d'aucuns ne sauraient se contenter de la jeunesse sans fard, et c'est ainsi que l'artifice se venge cruellement de l'ignorance ou de son aggravation pédante : le snobisme, en présentant du faux vieux.

C'est le faux vieux suffisant, tant à la satisfaction bourgeoise, pour son économie, qu'à la prétention artistique pour son prix élevé, mais c'est le faux vieux hélas! trompant l'amateur éclairé, lorsque la fraude est devenue un art. Aussi bien le bourgeois s'illusionne selon une somme égale à la laideur pressentie, qu'il prend, intimement, pour de la beauté et, comme le faux connaisseur n'estime un achat qu'à sa cherté, il ne nous reste guère à plaindre que l'amateur éclairé, souvent converti, il est vrai, à une beauté frauduleuse qui le dépasse ! Du moins ce truquage de la beauté le console-t-il de son erreur, au point qu'il se demande souvent jusqu'à quel point il s'est trompé, puisqu'il a frissonné comme en présence de la beauté véritable.

N'était le dépit d'avoir été dupé et parfois, coûteusement, on ne devrait logiquement n'en vouloir qu'à soi-même d'une mauvaise acquisition, car le sincère désenchantement esthétique ne peut provenir d'une révélation matérielle.

Si le bibelot que vous chérissez depuis des années, vous apparaît soudain hideux de n'être pas authentique, vous faites réellement tort à votre goût. Il faut avoir foi en la jeunesse, malgré même un acte de naissance implacable et, la garantie de vieillesse porte en elle tout autant sa conviction. Conviction basée avant tout sur de la beauté, d'où qu'elle vienne, et non sur de la vétusté fatalement vénérable. Cette dernière appréciation appartient en propre à l'archéologie qui collectionne les pierres du passé, qui rêve sur des débris, scientifiquement, et non idéalement.

L'antiquité, au surplus, n'a pas produit que des chefs-d'œuvre et il ne faut pas confondre la curiosité avec la beauté. L'horreur n'équivaut à la splendeur que dans l'expression suprême de l'étonnement, et

FIG. 1. — *La prétendue tiare de Saïtapharnès*, autrefois au musée du Louvre.

notre snobisme s'est malencontreusement mépris sur le caractère de cette expression; d'où une perversion « distinguée » du sens critique.

C'est ainsi que nos sculpteurs modernes ont créé des statues mutilées, pour rivaliser avec la statuaire antique dont la beauté nous est parvenue, souvent détériorée, à travers les temps. Cette caducité, avec ses tares, aussi logiques que regrettables, constitue premièrement la beauté, chez les sots qui ne sont pas éloignés d'admirer la Vénus de Milo uniquement parce qu'elle est dépourvue de bras et, de même, la radieuse Victoire de Samothrace parce que la tête lui manque.

Comme si les admirables auteurs de ces statues les avaient ainsi conçues, initialement ! Comme si ces marbres désormais immortels, devaient leur immortalité à leur âge — tout comme le vin gagne en cave — et à leur décrépitude ! Et voici que pour plaire à la niaiserie de l'heure, nombre de statuaires modernes, malicieusement, offrent en pâture à leur public, tout un monde d'éclopés, de décapités, d'hommes et de femmes « troncs », manchots, culs-de-jatte, et autres débris humains, résultant d'une catastrophe ou en rupture simplement, de quelque cour des Miracles !

Qu'importent à ce public les lois de l'esthétique ! La beauté intacte est, comme l'esprit sain, une banalité, et rien ne vaut la curiosité, la « rareté » de l'absurde. L'incompréhensible devient ainsi du génie et l'art jaillit au spectacle d'une plaie !

Mais ce qui est vieux n'est donc pas fatalement beau ? Sentez-vous l'écueil de l'enthousiasme non averti, en faveur de toute ruine quelle qu'elle soit ?

Du côté de la peinture, même observation. La

Fig. 2. — *Momie de Thaïs* (?), musée Guimet.

moindre craquelure est sympathique et, lorsque le sujet du tableau disparaît sous la crasse, le « connaisseur » est bien prêt de crier au chef-d'œuvre !

La poussière des temps tient ainsi du miracle, tout comme le nébuleux garde un mystère avantageux..

Dans la nuit, l'imagination voit des choses extraordinaires, et les pierres cachées sous la mousse sont singulièrement privilégiées. Les insinuations sont plus éloquentes que les paroles et, lorsque l'on s'entend à demi-mot, on se comprend bien davantage. Quel excellent parti à tirer, dès lors, de la crédulité humaine ! Quelle ressource inépuisable pour les dispensateurs de cette ambiguïté, qui confond le bibelot rare avec le faux bibelot, sous la même poussière !

La parole énigmatique d'un marchand tient aussi lieu d'une garantie vis-à-vis de l'acheteur incompétent dont la bonne foi, en réalité, n'a pas été surprise, puisque la somme de mystère qu'il emporte, est à la mesure de son illusion.

Au surplus, puisque marchand et amateur se réjouissent, chacun de son côté, d'avoir fait une « bonne affaire », c'est qu'ils se félicitent de s'être mutuellement « roulés ».

Combien cela est loin d'un achat de beauté pour le seul plaisir d'acquérir de la beauté ! Et combien le « connaisseur » est mal fondé, souvent, de récriminer sur une acquisition qui « l'emballa », lorsque le doute sur la qualité esthétique de cette acquisition coïncide

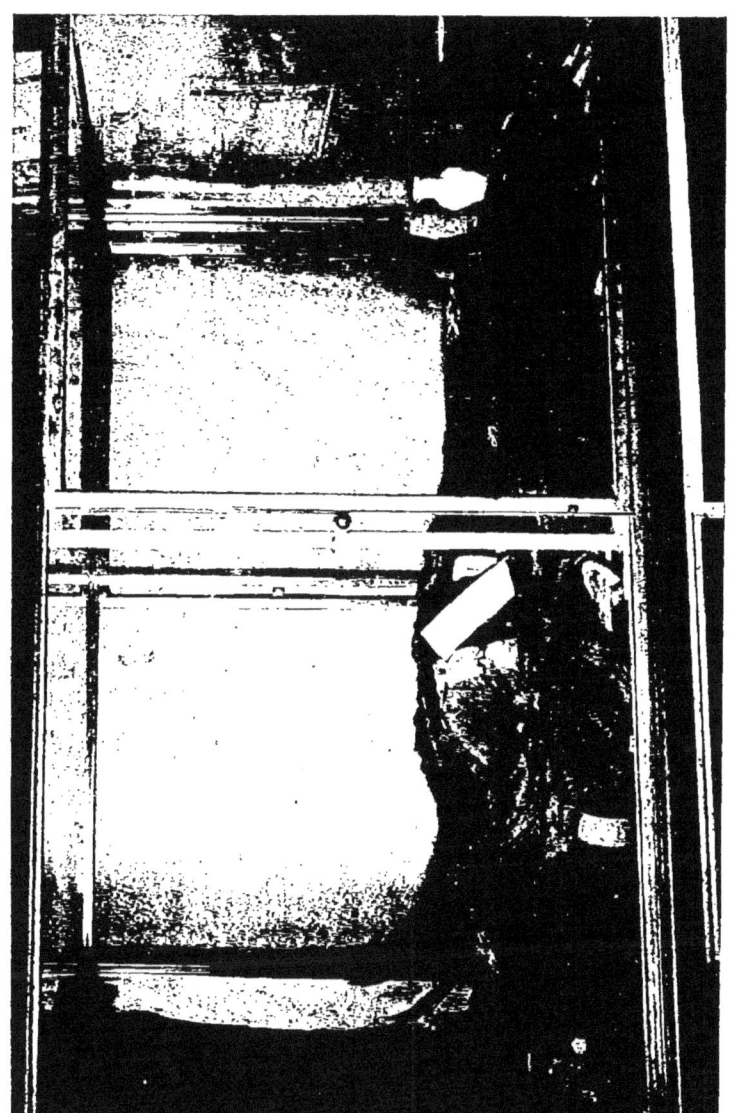

Fig. 3. — Momie de l'anachorète Serapion(?), musée Guimet.

avec un soupçon d'inauthenticité. Malheureusement, la passion du collectionneur n'est pas toujours élevée, et l'on pourrait ranger parmi les maniaques, ces enragés de la vieillerie pour la vieillerie, qui accumulent, sans souci d'art, des vestiges du passé, avec le même empressement qu'ils entasseraient des cartes postales ou des tickets d'autobus.

Écoutez, d'ailleurs, les erreurs singulières engendrées par l'enthousiasme frénétique à l'égard du passé. Nous découpons dans un article de *la Presse*, les lignes suivantes : « On achève en ce moment une église anglicane, avenue de l'Alma. Elle est toute neuve, toute blanche, curieuse à voir. Et les connaisseurs de grommeler : « Les architectes d'aujourd'hui ne savent plus rien faire ! Hélas ! où sont les sublimes artistes du xiii$^e$ siècle, qui faisaient jaillir du sol de si beaux clochers vers le ciel ! » Or, le hideux clocher de l'avenue de l'Alma est la copie scrupuleusement fidèle d'une admirable église de Caen, Saint-Étienne, qui date du xiii$^e$ siècle... »

En poursuivant la lecture du même article, le mirage flatteur de l'antiquité s'accentue : « ...Je connais, dit M. Klotz, un marchand de produits chimiques, très enrichi par l'aniline, qui avait acheté les ruines d'un château féodal. Il a dépensé des millions à rendre au manoir son primitif aspect. Rien ne manque à la clef : ni pierres massives, ni fossés traîtres, ni pont-levis hypocrite. Pourtant le paysan des alentours, lui-même, sent « que ce n'est pas ça ». Pourquoi ?

# LE MIRAGE DE L'ANTIQUITÉ

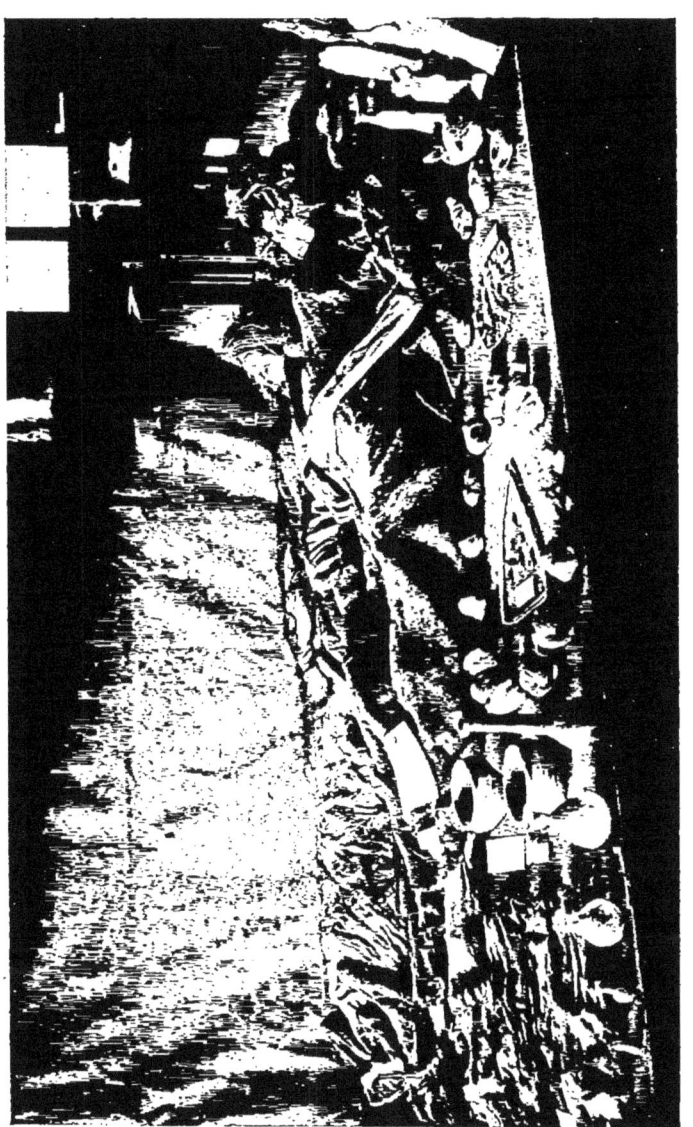

Fig. 4. — *Sépulture de Leukyônê (?)*, musée Guimet.

Faut-il en trouver le motif dans cette belle strophe de Victor Hugo :

> Voulez-vous qu'une tour, voulez-vous qu'une église
> Soient de ces monuments dont l'œil idéalise
>     La forme et la hauteur ?
> Attendez que de mousse elles soient revêtues ;
> Et laissez travailler à toutes les statues
>     Le Temps, ce grand sculpteur !

Mais la poésie jouit d'une immunité due à l'élévation pour le moins théorique, de la pensée. Elle plane et auréole tout, par essence. Emportée « sur l'aile du Verbe », elle se rit de l'esthétique, au sens exact ; sa générosité déborde. Sentimentale, grandiloquente, la rime s'égare génialement hors de la raison. Néanmoins, malgré que la beauté se confonde charitablement avec la laideur, dans la religion et la poésie; malgré souvent que le vice triomphe de la vertu au bout d'un beau geste oratoire ; malgré encore que la pensée magnifie tout dans un sentiment respectable où communient le souvenir et le regret du passé; il n'empêche que l'esthétique ainsi que la vertu, reposent sur des lois fondamentales.

Que les préférences personnelles discutent ces lois, soit ! mais l'art ne se paie pas de mots, et, si la conscience est la pierre de touche de la vertu, la compétence est l'honnêteté du jugement artistique.

La « croix de ma mère » peut être esthétiquement

Fig. 5. — *Buste de cire*, faussement attribué à Léonard de Vinci.

hideuse, en dépit du sentiment qu'on y attache, et si le temps présente avantageusement un monument, un tableau, un meuble, encore faut-il que la qualité intrinsèque de l'œuvre domine la piété du passé. Je sais bien que la sensation d'art et le caractère, prétendent rivaliser avec la saine évidence de la beauté. Autre hérésie à combattre. D'abord, la sensation d'art ne peut résulter d'un malaise, elle ne doit émaner que de l'esprit normal et expérimenté. L'hystérie mentale a comblé l'impressionnisme, du « tachisme » au « cubisme ». La sensation d'art des snobs est d'une « rareté » stupide et, si les bananes pourries charment leur palais, les roses malodorantes grisent leur odorat, sans nous surprendre.

Les étoffes (et les tableaux) à l'envers, font harmonieusement les délices, encore, de ces invertis, et leur sensation d'art naît simplement de leur ignorance compliquée. Quant au caractère, il ne faudrait pas davantage exagérer son excuse.

Certes, nombre de visages ingrats et de sites galeux immunisent le caractère jusqu'à se réclamer de la beauté. Nous ne contredisons pas, non plus, à la puissance du charme — cet autre expédient de la beauté — mais encore siérait-il de ne pas laisser l'incompétence errer sur des nuances qui lui échappent.

Concédons donc aux seuls vrais connaisseurs le soin de juger et de détailler, en tout équilibre, ces phases délicates de la vision et du sentiment. Malheureusement, le retour à la naïveté a voulu faire échec à l'entendement sain, au savoir basé sur l'expérience.

Fig. 6. — *La Vierge à l'œillet*, copie soi-disant d'après un original perdu de Raphaël(?), musée du Louvre.

Cette apothéose de la niaiserie, pour faire diversion,

fut nécessairement saluée par nos snobs. Du coup, ceux qui savent allaient être désorientés ! Et l'on recourut encore au passé mystérieux, sanctifié de sensation d'art et de caractère, ces deux échappatoires, — renforcées de naïveté — à l'ignorance.

C'est ainsi que les graveurs retournèrent au canif, les musiciens à l'épinette et les auteurs dramatiques aux théâtres de la nature. Cette exhumation du primitif était d'une originalité !

Ainsi donc, l'exquise naïveté allait accentuer la débâcle de l'erreur prétentieuse ! Et voici que l'on se pâma sur des maladresses, sur des laideurs, sur des œuvres nulles qui jouaient à la fraîcheur de l'ingénuité.

Ainsi donc notre siècle « roublard » allait assister à cette singulière rénovation de l'innocence, sous les auspices de l'hystérie !

Comment avoir le cœur, après cela, de blâmer les profiteurs-marchands lorsqu'ils trompent sur la qualité de la laideur vendue ! Le goût suit la mode, les marchands emboîtent le pas.

Un lapidaire avait vendu à la femme de l'empereur Gallien des pierreries que l'on reconnut pour fausses. Gallien fit arrêter ce marchand malhonnête et le condamna aux lions ; mais, quand le moment du supplice fut venu, il ne fit lâcher contre lui, dans l'amphithéâtre, qu'un chapon. Et comme chacun s'étonnait et cherchait le sens de cette énigme, un héraut expliqua la pensée du monarque : « Cet homme a voulu tromper, il est attrapé à son tour. »

A cette anecdote où nous voyons un dupeur généreusement dupé, nous joindrons cette autre qui prouvera aux marchands que souvent le mieux, en matière d'imitation, est l'ennemi du bien. Phèdre raconte dans une de ses fables, qu'un célèbre histrion était chargé d'amuser le peuple en imitant le cri d'une oie. Un paysan ayant voulu surpasser l'histrion fit crier une oie véritable qu'il avait cachée sous son manteau ; il fut sifflé.

Ce qui intéressait le peuple romain, ce n'était

Fig. 7. — *La tête de cire*, attribuée à Raphaël, musée de Lille.

pas le cri de l'oie, mais l'heureux effort de l'histrion pour imiter ce cri. On a écrit justement que les Romains, avant de piller la Grèce, n'étaient que des « bourgeois ». « Leur consul disait à ses intendants militaires que, s'ils cassaient une statue de Phidias, ils seraient obligés d'en fournir une autre du même marbre et de même dimension. »

Mais les marchands n'en sont point à cela près de créer de toutes pièces des « Phidias » pour de faux connaisseurs qui n'ont, en réalité, que ce qu'ils méritent.

Souvenez-vous plutôt de l'aventure de la tiare de Saïtapharnès (*fig.* 1), de cette œuvre d'art tant prônée, jusqu'au moment où l'on apprit qu'elle était moderne !

Ainsi s'évanouissait à cette révélation, le miracle de sa beauté ! Nos savants avaient écrit monts et merveilles sur cette tiare soi-disant antique, trésor du musée du Louvre, coûteusement acquis, et ils s'étaient longuement répandus en érudition sur la description, tant esthétique qu'historique, du motif de ciselure principal...

Que d'étonnantes et doctes choses ne lurent-ils pas ces savants, sur cette ciselure qui, cependant, était de pure invention moderne !

Mais, le ridicule confondit surtout la qualité de cette admiration, lorsque l'artiste polonais Chouroumousky auteur de la fameuse tiare, se dénonça... Le chef-d'œuvre d'hier, soudain n'était plus, et il descendit de son trône, que dis-je, il fut honteusement exclu du Louvre !

Cela nous rappelle la visite d'un artiste chez un « amateur » dont les extases sont particulièrement acquises à un certain buste de la Renaissance. L'artiste examine le buste, il est fort beau. Pourtant, l'original

Fig. 8. — *Atalante*, musée du Louvre.

*Restaurations :* Pièce aux cheveux à droite et au côté de leur nœud derrière, oreille droite, partie du sourcil et de l'œil gauche. Menton, bouche et bas du nez avec un peu des joues, bas du cou et un peu du baudrier, deux pièces à l'épaule droite, principal du bras, mains (avant-bras poignard, son fourreau, plusieurs pièces de la tunique, pièce au jarret droit, cuisse, jambe, pied gauche avec la plinthe et l'arbre).

de ce buste se trouve à Florence et l'amateur n'a, en

sa possession, qu'un excellent moulage. « Un moulage? s'écrie l'amateur furieux, vous en êtes bien sûr? — Certain. — En foi de quoi, le moulage fut brisé. L'authenticité de l'œuvre importait donc, seule, à cet « amateur » comme il y en a tant !

Voici un exemple analogue. Il s'agit, cette fois, d'une suite au « bluff d'Antinoë » mais moins tapageuse. Le musée Guimet vient d'inaugurer de nouvelles salles et une nouvelle exposition des fouilles de M. Gayet, en Egypte. « Où est le temps, observe *le Cri de Paris*, où le Tout-Paris se précipitait au musée Guimet pour admirer les momies de la pseudo-courtisane Thaïs (*fig.* 2) et du pseudo-anachorète Sérapion (*fig.* 3) ? Où est le temps où M. Gayet, qui n'a jamais rapporté une inscription pour authentiquer ses dires, disait gravement au public en montrant ses macchabées : « Ceci est une prophétesse; cela c'est une bacchante. » Ces temps maintenant semblent légendaires; cette année, l'explorateur se contente d'explorer des cadavres sans les désigner plus explicitement. »

Nous allons voir l'intérêt artistique s'envoler singulièrement aussi, dans le récit suivant : « On se souvient dit *le Journal*, de ce buste de cire (*fig.* 5) que le docteur Borde, conservateur du musée de l'empereur Frédéric, à Berlin, a payé 231.250 francs, comme étant un Léonard de Vinci authentique (l'empereur Guillaume II, au surplus, s'était porté garant de l'authenticité de ce buste!) et qui a été ensuite reconnu être d'un sculpteur anglais du nom de Lucas décédé à peu près inconnu.

Fig. 9. — *Pompée le Grand*, musée du Louvre.
*Restaurations* : principal du nez, raccords au front, de la bouche et au menton, cou!

« Quatre-vingt-dix œuvres de ce dernier ont été vendues dernièrement aux enchères, chez Christie, à Londres, et, malgré la réclame faite à Lucas par l'affaire de Berlin, le montant de la vente ne s'est élevé qu'à 10.000 francs.

« Un groupe : *Mère et Enfant*, dont la facture rappelait beaucoup celle du fameux « buste de Léonard » du docteur Borde, n'a pas dépassé 197 francs !... »

Nous avons dit les déconvenues d'amour-propre, plutôt que les déconvenues d'art, de ces fureteurs d'antiquité à tout prix, et nous savons que le désir de faire une « bonne affaire » est le plus souvent inséparable de la manie d'acquérir. Il ne s'agit plus que de s'entendre sur les nuances de cette bonne affaire.

La rareté, pour certains, se mesure au peu d'argent déboursé. On se dit connaisseur et le marchand ignorait soi-disant la valeur de son trésor. On l'a eu « pour une bouchée de pain ». Ici, c'est le marchand qui aurait été volé, il y a des exemples de cette anomalie.

Pour d'autres, la forte somme est une condition *sine qua non*, de la « bonne affaire ».

D'où deux sortes d'amateurs : ceux qui achètent pour le plaisir et ceux qui achètent « pour la galerie ».

Les premiers prétendent savoir acheter et, en tout cas, ils donnent toujours à leurs bibelots une valeur supérieure au prix qu'ils les payèrent ; les seconds affirment « que l'on en a toujours pour son argent », et ils font sonner haut, comme une référence (et comme une garantie donnée à leur ignorance) l'importance de leurs débours. En tout cas, l'amateur qui parade devant *son* Velasquez « qu'il a payé un million » n'est pas plus intéressant que celui qui se vante

Fig. 10. — *Vénus accroupie*, musée du Louvre.
*Restaurations* (plâtre) : principal du bras, du corps et des jambes, pieds, rocher, plinthe !

d'avoir acquis « pour cinq francs » *son* Corot. Il y a des extrêmes stupides.

Au résumé, les deux manières ne valent que par la

qualité de l'achat qui justifie seule la qualité de l'acheteur, malgré qu'il y ait la différence de la joie que l'on s'offre.

. D'autre part, il est piquant de remarquer que cette double clientèle ne satisfait pas moins le marchand et, pour ne pas inquiéter le marché, il importe simplement que le plus heureux des trois ne soit pas celui qu'on pense. Nous verrons, d'ailleurs, combien le marchand connaît ses clients, suivant les degrés de l'illusion à servir, du goût à satisfaire, de la manie à contenter, et, d'ores et déjà, soyons indulgents à la fraude lorsqu'elle nous venge de la sottise.

## CHAPITRE II

**Les caprices de la Beauté. — Art et appréciation
Le vrai, le faux. — Comment s'y reconnaître**

Si l'antiquité est une religion, ses faux prêtres — certains marchands — trouvent leur excuse dans la masse saugrenue des fidèles.

Les trésors de l'antiquité, logiquement, s'épuisent, en raison directe d'une foi insatiable, et le marchand doit avant tout, satisfaire sa clientèle. D'où une fabrication intensive de vieilleries, d'où le truquage — mensonge pieux à la beauté consacrée, vis-à-vis de ses adorateurs sacrilèges. Mais qu'importe, pourvu que l'illusion demeure! « En Angleterre, écrit M. le Dr F. Jousseaume (*les Vandales du Louvre*), qu'un tableau soit intact ou rafistolé, qu'il soit signé ou non, on le vend tel qu'il est. Si on a des renseignements sur sa provenance, on vous les donnera. S'il a été expertisé, on le dira ; mais, lorsqu'il est vendu, il n'y a plus de recours. Ce qui est vendu est vendu.

« En France, ce n'est pas tout à fait la même chose. Ce qui est vendu est vendu pour le marchand, mais ne l'est pas toujours pour l'acquéreur. Nous avons partout de petites restrictions. Il faut bien que tout le monde vive ; que deviendraient les médecins sans malades et les magistrats sans procès ? »

Or, cela concerne la brocante en général, et, cependant, le commerce des illusions a consolé bien des maniaques, a ravi bien des snobs avant de tromper des connaisseurs. Aussi bien, il apparaît singulièrement injuste de voir la loi mêlée à des questions sentimentales. Le client ne doit s'en prendre qu'à lui-même de son désenchantement, car, en réalité, l'importance de la somme versée en échange du désir satisfait n'est que proportionnée à la mesure du désir. Les satisfactions intimes ne regardent personne, et la vanité seule ose s'offenser d'une déception, vis-à-vis des autres.

« Un homme achète une maison ou un tableau : il croit la maison solide ou le tableau authentique. Il s'est trompé dans son acquisition. C'est son affaire ; en quoi cela peut-il intéresser la société ? Est-ce qu'un vendeur ne cherche pas à faire le meilleur marché possible et l'acquéreur également ? » Et M. F. Jousseaume, à qui nous empruntons encore ces lignes, observe non moins logiquement, que « nos législateurs sont vraiment trop aveugles lorsqu'ils placent judicieusement sur le même plan les objets de fantaisies et de collections et les choses agréables indispensables à la vie. »

D'ailleurs, puisqu'il n'y a point de critérium en art, aucune sanction n'est admissible. Au surplus nous

Fig. 11. — *L'Amour*, musée du Louvre.

*Restaurations :* le bout du nez, les ailes presque entières, les bras, les avant-bras et les mains, les pièces de raccord de la jambe droite, le pied droit, une partie de la cuisse gauche avec la jambe et le pied, plusieurs parties du manteau, les tenons de l'arbre, la plinthe !

verrons, quand nous aborderons le détail de notre objet, que la valeur d'une œuvre artistique, en dehors du sentiment personnel, est le jouet de la mode, du caprice, de la banque des marchands, de la presse et autres facteurs déconcertants.

« Un tableau ou un autre objet d'art, quelles que soient ses qualités artistiques, est sans valeur s'il n'a pas été chaudement baptisé par les journalistes et confirmé par les experts. Il faut le tambourin, le tam-tam, la grosse caisse, pour attirer sur lui l'attention et le faire passer d'une valeur négative à une valeur positive.

« Un tableau sans sacrements ne vaut rien, et, après son baptême et sa confirmation, il vaut des centaines de mille francs. » (*Les Vandales du Louvre.*)

Comment, dès lors, s'attarder sérieusement aux déboires de l'idéal ! Passe encore pour les esprits avertis qui demeurent fidèles à leurs premières amours et vieillissent au milieu de leurs bibelots ; mais que penser de ces « collectionneurs » par genre, qui n'attendent que l'occasion fructueuse de disperser leurs coûteux achats ! Ah ! ceux-là, soyez-en certain, se moquent bien de l'art, et, leur ignorance de la beauté trouve sa compensation dérisoire dans la valeur marchande. Lorsque la valeur est bien cotée en Bourse, ils vendent, voilà tout.

Et ces collectionneurs-là sont seuls impitoyables, naturellement, à l'inauthenticité, puisqu'ils sont insensibles à la beauté qui se donne, souvent pour rien, quand on sait la cueillir et, d'autre part, que leur illusion tient seule dans la garantie du marchand.

En revanche, qu'importe le plus souvent, au con-

Fig. 12. — *Mécène*, musée du Louvre.
*Restaurations :* bas du nez, parties de l'oreille gauche, partie du bord de l'oreille droite, nuque, creux de la gorge et buste !

naisseur, cette authenticité ! Il se délecte simplement d'une jolie chose, et sa joie n'est jamais déçue.

Quelle différence faites-vous, artistiquement, entre

une œuvre originale et sa copie parfaite? Savez-vous que nombre d'auteurs eux-mêmes s'y trompèrent, et vous voudriez vous montrer plus royaliste que le roi?

En ces temps de copie, de truquage, de maquillage extraordinaires, pourquoi analyser excessivement les satisfactions que l'on ressent! Il n'y a, au résumé, que la foi qui sauve; l'art ne doit être qu'un article de foi, qu'un contentement délicat du goût raffiné, et nous abandonnerons à ses déboires, sans intérêt, le goût mesuré aux seules largesses du porte-monnaie, l'enthousiasme borné à un souci de provenance, à la parole d'un marchand.

D'ailleurs, comment s'y reconnaître parmi tant d'expressions! Du vrai au faux en passant par le rafistolage, le simili-vrai et le demi-faux! Nous verrons le miracle des patines, le déroutant des placages, le troublant accord des artifices. Et puis, les beautés ne sont-elles pas diversement décrétées par la vogue?

Nous ne parlons plus, maintenant du véritable amateur dont les joies sont érudites, mais de ces oisifs brocantant par « chic », de ces dilettanti du bric-à-brac, de ces fureteurs d'art improvisés, de tous ces ignorants prétentieux, maniaques ou malades, enfin, pour lesquels on fabrique des antiquités.

Comment s'y reconnaître? Vous saurez d'abord — ô élève amateur — que le plus grand nombre de nos pièces de musées sont d'authenticité précaire. Aussi bien, on a tellement abusé des « répliques » que nous pouvons toujours concevoir un doute à leur égard et, le plus souvent, une réplique n'est qu'une copie quelconque : le mot sauve la chose.

Du côté des restaurations, même hésitation : où commence une restauration et où finit-elle? Voyez plutôt les fâcheuses restaurations de certains antiques, au Louvre *fig.* 8 à 13 ! Restaurations excessives autant qu'inutiles, dues à des artistes très inférieurs. Du côté des reconstitutions, pareille indécision ; et que valent, au point de vue de l'authenticité, les sereines classifications modernes '

Fig. 13. — *Julia Domna* ?, musée du Louvre.
*Restaurations* : nez, partie de la joue gauche, principal de la lèvre supérieure, l'autre lèvre, menton, pièces et raccords au voile, à la tunique, à près des mains, attributs, manteau au-dessous de l'avant-bras gauche et le devant de la frange, pièces du reste du manteau, bas de la tunique, pieds, plinthe !

Ne vous fiez pas, surtout, à une signature, rien n'est

moins probant[1], et, en attendant que, matière par matière, nous conseillions au lecteur des moyens rationnels de vérification, poursuivons l'énumération des risques d'erreur promulguée en haut lieu. Qui croire, grand Dieu! si nos musées nationaux, eux-mêmes, ne sont point infaillibles! Et cependant, voisinant avec de prudentes attributions, que d'étonnantes affirmations, que d'inutiles hérésies imposées à l'admiration innocente !

Le catalogue d'un musée est le pédantisme même ; il est victime du renseignement forcé ; sa lecture, le plus souvent, initie moins qu'elle consterne.

---

1. Rosa Bonheur, à qui l'on montrait une toile signée de son nom, reconnut la signature et point l'œuvre. Cette dernière, en tout cas, avait été tellement reprise, qu'elle était méconnaissable, tandis que la signature était, sinon de l'artiste, du moins parfaitement imitée. Mais il y a des signatures infaillibles témoin l'anecdote de Mignard et de Le Brun. Cette fois, il s'agit d'un subterfuge et la signature était... une barrette. Un brocanteur d'intelligence avec Mignard, ayant annoncé qu'il lui était arrivé d'Italie une admirable Madeleine du Guide, le chef-d'œuvre fut aussitôt acheté ; mais, à quelque temps de là, notre amateur s'en vint trouver Mignard. On l'avait trompé, ce Guide était tout simplement un Mignard ! Ce dernier s'en défend ; on commet un expert, c'est Le Brun. Le célèbre peintre prononce très affirmativement que la Madeleine est du Guide, et Mignard, croyant l'affaire assez engagée pour sa gloire, s'écrie : « Cette Madeleine est de moi, et, pour le prouver, c'est que sous les cheveux de la belle pénitente est peinte la barrette d'un cardinal. » Ce disant, l'auteur du tableau, prenant un pinceau détrempé d'huile, frotte les cheveux et découvre la calotte... Il y a des talents tellement typiques qu'ils se passent de signature. Certains peintres hollandais même, préférèrent à une signature des marques facétieuses.

Gardons-nous, surtout, d'en lire la préface, qui semble le frontispice d'un tombeau.

Si, d'autre part, nous recourons à un ouvrage d'art pour étudier une œuvre, fuyons le livre du littérateur égaré dans les choses de l'art ou celui de l'universel pédagogue, généralement incompétent, si tant est que l'on ne peut tout savoir.

Les belles images, en ce cas, dispensent avantageusement de la littérature oiseuse.

Fig. 14. — *Empereur romain du Bas-Empire*, musée du Louvre.

*Restaurations* : nez, lèvre supérieure, grande partie de l'inférieure. Côté gauche du sourcil, menton, bas des joues et cou, partie des oreilles, parties de la couronne de chêne et raccords du front!

Malheureusement, c'est dans la littérature incompétente que se rééditent les lieux communs, les aberrations du passé, toutes les vieilles « balançoires », enfin, que, religieusement et aveuglément, les époques se repassent.

Ainsi Winckelmann a-t-il voulu faire de l'Apollon du Belvédère un pur chef-d'œuvre, alors que cette statue, avec ses tares incontestables, se rattache ni plus ni moins à la décadence grecque.

Winckelmann, savant archéologue, sortit cette fois, fâcheusement, de son rôle; il est vrai que l'archéologie empiète volontiers sur le domaine de l'art et, cependant, l'âge des choses n'a rien de commun avec l'esthétique, non plus que la philosophie, qui amena, par exemple, le père de l'éclectisme, le grand Victor Cousin, à comparer dans *Le Vrai, Le Beau, Le Bien*, l'église de la Madeleine... au Panthéon!

Mais passons, non sans constater — pour ajouter au désarroi du néophyte — que la critique d'art est, le plus souvent, confiée de nos jours, à d'étonnants improvisateurs. Cette anomalie, au reste, est un signe des temps. Les artistes de profession, les vrais connaisseurs, seraient incapables de la souplesse d'opinion exigée aujourd'hui. Ils se refuseraient à violer leur conscience, à nier leur science, pour un caprice de la mode. Tandis que la critique d'art improvisée, fort honnêtement souvent, mais avec l'ingénuité de l'ignorance, se met, au contraire, volontiers, *dans le mouvement*.

Admettez, au surplus, que des influences soient vénalement mises au service de certains trafiquants, et voici que des œuvres abominables pénètrent au musée qui les cote, leur donnant une valeur marchande, à défaut d'une valeur artistique.

Fig. 15. — *Amour bandant l'arc*, musée du Louvre.

*Restaurations :* bout du nez, cou, ailes excepté la naissance de la droite, bras droit, avant-bras et mains, majeure partie du bras gauche, majeure partie de la cuisse droite, jambe et pied, jambe gauche, pied, carquois, arbre, plinthe !

C'est le mouvement moderne opposé au vieux jeu, prétentieux argument qui masque élégamment une impuissance ou une loyauté qui n'est plus de mise. Il faut être de son temps, que dis-je? de son heure.

Hélas! plus nous développerons notre idée, plus s'accentuera le chaos du critérium artistique chez ceux dont le goût et le jugement n'est pas fixé, chez ceux dont l'éclectisme ne cache que de l'incompétence.

Pour en revenir à notre amateur, nous admettrons maintenant, qu'il a trouvé le chemin de sa documentation, théoriquement du moins, puisque nous avons pris nécessairement notre exemple parmi les profanes.

Ici donc, la mode va intervenir. Autre trouble. On décrète aujourd'hui que les peintres « impressionnistes » ont seuls de la valeur (nous ne disons pas : du talent) et que le meuble moderne fait prime.

Alors, notre néophyte donnera facilement raison à l'engouement et au chic traditionnel, en réservant dans son esprit, sinon dans sa galerie, une place pour les « impressionnistes », à côté des peintres du vieux temps. Et, comme il ne s'y connaît point encore (s'y connaîtra-t-il jamais?), le choix de ses peintres anciens sera aussi détestable que celui de ses impressionnistes, mais le snobisme sera satisfait, *normalement* si l'on peut dire.

Du côté des meubles, pareille incohérence. Après tout, quand on collectionne sans discernement, les mauvais meubles modernes valent bien les mauvais meubles anciens.

Bref, malgré les efforts de la mode, l'antiquité

triomphe toujours, au point que, répétons-le, ses plus laides manifestations même, sont acclamées. Le snobisme joue sur le mot de « rareté ». L'antiquité se fait rare, et certaines audaces modernes sont d'un rare mauvais goût, que les snobs prennent pour le chic suprême.

Peu importe, cela est rare, original, puisqu'il n'y en a pas partout. L'excentricité ne peut être commune sans faillir à l'excentricité essentielle et, pour ne pas être banal, on se distingue, au mépris de la manière. Sans quitter le point de vue général, car nous re-

FIG. 16. — *Un buffet Henri II* (?), genre « faubourg St-Antoine ».

viendrons sur la peinture, séparément, nous retournerons au musée, censément, logiquement, l'éducateur le plus qualifié du goût et de la véracité.

Nouvelles déceptions. Nombreuses erreurs de styles pour les meubles et, quant aux tableaux, aux statues, n'allez pas croire qu'ils sont tous admirables, malgré le miracle hallucinant de leur vétusté! Ah! la foi dangereuse des cartouches, tantôt d'une témérité risible, tantôt d'une savante obscurité. Ah! le boniment fallacieux du gardien de musée, du guide. Nous ne parlons pas des fausses antiquités, abondantes, des classifications imprudentes ou impudentes. Pourtant, Dieu que tout cela est savant! Comment voudriez-vous, aussi, que la science sache tout? A côté de l'évidence, n'est-ce pas? il y a la docte hypothèse, le verbiage à côté de l'utile parole et puis, l'intention, la volonté, le devoir de renseigner quand même. C'est votre faute, voyons, pourquoi êtes-vous si curieux?

Ainsi, certaines vastes armures exposées au musée d'Artillerie, si peu en rapport avec notre plus haute stature actuelle, vont vous rendre rêveur, et vous allez sans doute en déduire l'amoindrissement de la taille humaine à travers les âges? Quelle erreur est la vôtre (après celle des conservateurs du musée)! Ce sont des enseignes d'anciens armuriers allemands.

Notre néophyte, en fin de compte, accentue son ahurissement.

Ainsi, cette Vénus que l'on vient de déterrer, si mutilée, décapitée même, n'est point admirable? Nullement. Vous ne croyez pas à son authenticité? Peu m'importe. D'ailleurs, l'antiquité n'est pas fatalement admirable. Cette Vénus apparaît curieuse, archéologiquement parlant, sans doute; du moins son aspect semble-il vénérable. Quant à lui donner un âge, son âge! Il s'agit probablement de quelque réplique? Qui

Fig. 17. — Un des trois tableaux de L. David,
représentant la *Mort de Marat*, musée de Versailles.

S'agit-il de l'œuvre authentique ou d'une copie?

vous le dira... ; en tout cas, souvenez-vous qu'une
œuvre, ancienne ou moderne, se discute sur le même

pied de beauté. Vraie ou fausse, une œuvre peut être belle, car il y eut des artistes et des faussaires de génie à toutes les époques.

Mais ce meuble délabré, en revanche, est superbe ? Point davantage. Peu m'importe sa caducité, authentique ou non, il est d'un mauvais style, quoique de style, ses lignes sont lourdes. Il y a beau et beau.

Contesterez-vous, maintenant, la perfection de ce tableau ? Pardon... je n'en distingue pas le sujet. Il est vieux, à n'en pas douter ; ses rides, ses craquelures, du moins, y prétendent, mais il est devenu tellement noir que je n'y vois goutte. Pour apprécier un tableau, jeune ou vieux, encore faut-il le voir...

Voici, cette fois, un autre tableau, très clair, celui-là. Qu'en pensez-vous ? Qu'il est bien et qu'il semble d'époque. Combien l'estimeriez-vous ? Attendez, il date du XVIIe siècle, et, pour l'instant, *on est tout au* XVIIIe ! Alors, il n'a pas de valeur ? Je n'ai pas dit cela. Artistiquement il est fort beau, mais à l'hôtel des Ventes il ne *ferait* pas cent louis. Voyez la cote...

Enfin, voici une petite toile du XVIIIe siècle ! Nierez-vous son charme ? Certes oui. Il ne suffit pas qu'un tableau se réclame du XVIIIe siècle pour qu'il soit charmant. Cependant le charme commercial de cette petite toile n'est pas douteux ; elle vaut de l'or...

Autre chose. Vous concevez toujours des doutes sur l'authenticité des peintures, que dites-vous de ce « primitif » ? Qu'il est primitif — d'intention tout au moins — mais, vous savez, il y a des naïvetés qui sont

Fig. 18. — *Faux dessin à la sanguine*, du xviiᵉ siècle.
Mauvais décalque, rehauts visibles, papier de fabrication moderne.

tout simplement de l'ignorance et puis il y a de beaux et de laids primitifs. Mais son authenticité... hein ? voyez ce panneau qui tombe en poussière... Effectivement, si la peinture date, à n'en pas douter... de 1830, le panneau est certainement ancien.

Alors, pour en revenir à notre tableau du xvii<sup>e</sup> siècle, quel succès, n'est-ce pas, il obtiendrait dans un de nos Salons actuels! Que non point, le jury le refuserait. On ne doit plus peindre comme cela, aujourd'hui. Les chefs-d'œuvre se démodent, on les admire — plus ou moins sincèrement au musée. Leur place est là. Il ne faut pas leur ôter leur auréole séculaire. Ils appartiennent à l'enseignement. On les consulte. Ils sont forts d'une force béatifiée, cristallisée ; ce sont des chefs-d'œuvre du temps, enfin. Chaque époque a sa qualité de génie, tous les génies se valent dans leur diversité. En dehors du musée, les expositions rétrospectives font seules un succès plus ou moins franc — aux vieilles toiles. Cela dépend, au surplus, du moment propice, de la cherté des entrées, du lieu « chic » choisi, de la publicité faite.

Nous n'exagérons rien. On pourrait prolonger indéfiniment le questionnaire désabusé où, d'ailleurs, nous effleurâmes seulement notre matière. Dans toute appréciation d'art, il se glisse, à différents degrés, un soupçon de snobisme, à moins qu'il ne s'agisse simplement d'une instinctive dérivation du goût entraîné par le mouvement différent des années, des temps, des générations. Évolution!

Mais, pour avoir le droit de juger, d'évoluer, il

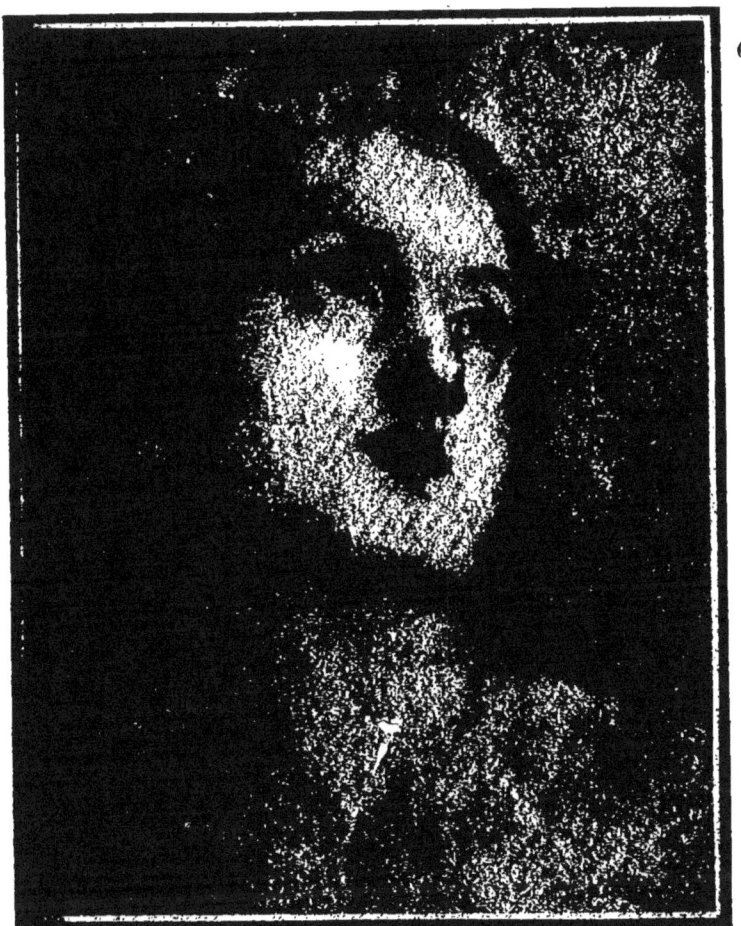

Fig. 19. — *Un faux pastel de Nattier.*

faut connaître à fond ses classiques, d'une beauté éternelle parce qu'ils atteignirent à des sommets et que tous les sommets — en outre de la pensée qui, respectueuse du passé, les dore — sont égaux dans l'effort.

Quand on y songe, tous les âges ont leur beauté propre, mais il n'est pas niable que la patine des ans donne aux œuvres d'art une supériorité effective. Voilà donc le mérite évident de l'ancien : la douceur de sa forme comme caressée par la poussière des temps, la chaleur de sa couleur que les brumes du passé ont mystérieusement enveloppée.

Mais encore faut-il que l'esthétique de l'œuvre soit d'une qualité impérative, car il serait décourageant pour l'art moderne, dont on paralyserait l'essor, de rabaisser devant l'antique, au mépris de toute justice, des œuvres nées d'aujourd'hui, égales, sinon supérieures parfois, en beauté.

Si la qualité du vin gagne en cave, il y a des limites à cette bonification. L'arome du meilleur nectar s'évente sans crier gare, au bout d'un certain temps, et souvent, le palais se délecte supérieurement à la dégustation d'un vin nouveau.

Tout est dans la franchise de l'appréciation aiguisée. Pour juger, il faut s'y connaître et, si l'on sait distinguer la beauté — d'où qu'elle vienne, du vieux, du moderne ; du vrai, du faux — on s'y connaît déjà de la manière la plus logique. Au fur et à mesure de notre travail, nous préciserons ces indications de tact, en les classant utilement, matière par matière. Quant la véritable instruction artistique, elle se réclame d'abord d'une éducation favorable, d'une direction

Fig. 20. — *Faux dessin de A. Willette* (décalque d'un original), oblitéré de la main du maître lui-même.

visuelle et sentimentale, progressive, d'une loyale et patiente observation.

Sous l'empire de cette discipline, le goût se forme,

la nature nous dévoile sa simplicité, sa pureté, son harmonie, son exemple, enfin. L'étude rationnelle au musée, d'autre part, permet des comparaisons indispensables que la consultation de nombreuses gravures complète. En matière d'art, mieux vaut se nourrir d'exemples que de mots. L'œil s'habitue insensiblement, déductivement, à des délicatesses de forme, il arrive aussi à se représenter une perfection qui est souvent la perfection, du moins celle qui correspond à un sentiment propre, éduqué.

Une connaissance approfondie des styles, encore, s'impose Styles plastiques, de la construction et du meuble, qui permettent de déterminer les époques en les vivant. De même, il faut connaître l'histoire des peuples, afin de défier les anachronismes et parfois aussi, la chimie dont les réactions sont redoutables à la fraude.

Autant de préoccupations initiales, nécessaires tant à fortifier la base du jugement qu'à imposer le respect de l'œuvre à juger. Il faut résister surtout, au snobisme, incohérent comme la mode et, pareillement, on s'efforcera à un éclectisme de bon aloi, à une bienveillance imposée d'ailleurs, par la somme de compétence que l'on a et même, en raison directe de cette compétence.

Cependant, en matière de bibelot, le flair supplée souvent la solide érudition. Le flair est la routine des marchands, leur force; aussi bien ce flair n'a rien d'artistique, il n'est point d'essence émotive, il résulte d'une longue habitude ; il ne correspond guère qu'à une vision instinctive du bénéfice plus ou moins grand à tirer.

L'œuvre d'art, quelle qu'elle soit, n'ayant pas de valeur intrinsèque, le prix d'une œuvre d'art étant subordonné à la qualité du client, plus ou moins amateur, plus ou moins riche ou vaniteux, les marchands ont surtout l'avantage de connaître le goût du client. Ils flairent au gré des exigences du client connaisseur ou non, maniaque, riche ou pauvre, libertin ou prude. On collectionne de tout, et le marchand, qui sait aussi bien les besoins que les rêves de ses clients, vend de tout. N'ayant pas ainsi, à se préoccuper d'esthétique,

Fig. 21. — *Portrait de M<sup>me</sup> de Lamballe*, d'après une gravure du temps.

son flair mercantile lui suffit ; il lui tient lieu de bonne foi. S'il « roule » parfois le client, il est souvent « roulé » par lui ; parfois il gagne beaucoup sur une affaire et parfois, peu ; on n'a point toujours la main heureuse.

Bref, nous poursuivrons, au chapitre suivant, en entrant toujours de plus en plus dans le détail, l'étude des connaissances qui nous occupent. Dès l'instant que quelque scepticisme s'est glissé dans l'esprit du lecteur, nous le supposons déjà plus averti, notre tâche ensuite, va s'efforcer de préciser son but.

## CHAPITRE III

**Les deux larrons. — L'antiquité inépuisable
Les aléas du bibelotage**

Nous avons dit la soif d'antiquité manifestée par le public, alors que les trésors du passé fatalement s'épuisaient. Nous avons indiqué dans cet engouement les raisons mêmes de l'imitation, du truquage et autres pratiques frauduleuses. Mais il est une autre cause à cet artifice : le bon marché. Nous sommes dans l'ère de la pacotille, à l'époque du « toc ». Nous désirons des chefs-d'œuvre, n'en y eût-il plus au monde, mais nous nous refusons à les payer à leur valeur.

Si, toujours et quand même, on doit pouvoir vendre de l'antiquité, il y a de l'antiquité fatalement à tout prix : voilà l'aveu et la justification, à la fois, du commerce frauduleux.

Le client indique « le coup à faire » au marchand ; il est donc plus coupable que ce dernier.

Rationnellement il ne devrait y avoir vol, de marchand à client, que lorsque la somme déboursée serait proportionnée à la beauté, à l'importance de l'achat garanti, car, lorsque le client fait une excellente affaire sur le dos du marchand — cela arrive — il trouve cela tout naturel et fort honnête.

Le marchand surfait sa « camelote » parce que le client la marchande ; des deux côtés la manœuvre est la même et se vaut. Le commerce des antiquités d'ailleurs, s'excuse, en quelque sorte, de l'idéal qui l'anime ou est censé l'animer. On « déniche » un bibelot, c'est une chance et, d'autre part la chance n'est pas moins grande pour le vendeur. Or, avoir la chance de dénicher, sous-entend une aubaine dont, singulièrement, se réjouissent à la fois, le client et le marchand.

L'amateur se flatte d'être « roublard », il est à « l'affût », il n'achète pas, il braconne : le marchand, de son côté, dispose soigneusement ses collets ; c'est de bonne guerre. Dans tout collectionneur il y a un pillard qui sommeille [1]. Voyez-le vous montrer une de ses merveilles — point de milieu — ou bien il l'a payée les yeux de la tête, ou bien il l'a eue pour une bouchée de pain. Et si, comme toujours, par vanité de collectionneur, il a fait une bonne affaire, c'est

---

1. Il y a même, souvent, un recéleur conscient en l'amateur. Jamais il ne veut reconnaître ses erreurs, lorsqu'il les ignore. Douter de son flair, d'ailleurs, ce serait déprécier du même coup, toute sa collection.

dire à demi-mot que toujours le marchand (d'autant mieux que le marchand se plaint toujours) a été refait.

Fig. 22. — *Portrait de M*$^{me}$ *de Lamballe*, d'après la gravure précédente; pastiche du xviii$^e$ siècle exécuté par G. Déloye (1845-99).

Pour le collectionneur, le marchand est, fort injustement, ou bien un voleur ou bien un imbécile, au taux de la marchandise payée, et, que de fois, cependant, l'imbécile n'est pas celui qu'on pense !

Toujours est-il que les belles choses valent cher, on ne s'en doute pas assez ; quant à les payer plus cher ici que là, c'est l'évidence même. Le luxe de la présentation fait partie de la beauté, on l'ajoute à la note. Mais aussi, quel collectionneur ne se flatte pas d'avoir son « petit » marchand !

Et ce petit marchand, à petit bénéfice, est une trouvaille ! Figurez-vous ma chère...

Notez que ce n'est pas toujours chez le petit marchand que l'on fait les meilleures affaires, mais il y a l'illusion. Le petit marchand peut, certaines fois, ne pas s'y connaître, tandis que le grand, lui, est sûrement un malin — hypothèse gratuite, d'ailleurs.

Quant à l'erreur du marchand, à son détriment, de bonne foi, vous ne la ferez « avaler » à personne ; pas plus que l'on ne vous fera accroire que votre goût est détestable ; seulement, vous ne manquerez pas de crier : au voleur ! si votre acquisition n'est point estimée à la valeur que vous lui donnâtes. Vous oubliez, cependant, à ce moment, que le marchand n'est que l'humble auxiliaire de votre goût propre qu'il flattera toujours, dans le sens de vos décisions, indifféremment.

Nous en revenons ainsi, à la responsabilité du client vis-à-vis du fraudeur. Si le client s'y connaissait, il commencerait d'abord par ne pas avoir de coupables exigences. « Je désirerais une belle commode Louis XVI, mais, vous savez, je ne veux pas dépasser cent cinquante francs. »

## LES DEUX LARRONS

Une belle commode Louis XVI pour cent cinquante

Fig. 23. — *Saint Sébastien, martyr*, par T.-A. Ribot (1823-91), musée du Luxembourg. Tableau de composition et d'effet sinon de facture, analogues à ceux de l'œuvre suivante.

francs! Comment ne voulez-vous pas être « volé »

Et ne le mériteriez-vous pas ? Le marchand s'inclinera donc devant la commande, et il vous en donnera, logiquement, « pour votre argent ». Si vos propositions étaient honnêtes, elles seraient acceptées en conséquence, et, d'ailleurs, vous avez tellement le sentiment de votre ladrerie que vous n'osez jamais avouer le bas prix de votre acquisition. Mi-honteux, mi-vaniteux — car vous avez aussi le cynisme de votre méfait — vous interrogez malicieusement : « Combien croyez-vous que j'ai payé cette belle commode Louis XVI ? — Dites un chiffre ? Non..., douze cents francs *seulement !* »

L'occasion fait donc le larron, et il est vrai qu'il y a larron à tout prix, suivant l'importance du client et de ses exigences.

Nous avons dit, précédemment, que dans tout collectionneur un pillard (et même un recéleur) sommeillait. La complicité du collectionneur et de l'antiquaire va maintenant, fournir des armes autrement redoutables.

Passe encore pour l'acheteur de « toc »; consciemment il ne récrimine pas de voir son goût servi à la hauteur de ses moyens. Point de préjudice causé, ici, aucune cupidité n'est en jeu, le marchand « truque » ou fabrique et, de ce côté, les ressources sont inépuisables. En revanche, examinons la manœuvre du collectionneur riche et averti vis-à-vis de l'antiquaire.

Il s'agit, en principe, de deux personnages. Le

# LES DEUX LARRONS

Fig. 24. — *Le Christ au tombeau*, par J. Ribera, musée du Louvre. Voir la gravure précédente.

collectionneur possède une galerie et l'antiquaire est un pourvoyeur compétent, avisé, de la galerie.

Abandonnons donc à leur trafic sans importance, le client modeste, en principe non raffiné, et le marchand de bric-à-brac. Tout deux s'effacent devant le collectionneur et l'antiquaire.

« *Il me faut*, dira le collectionneur à son pourvoyeur habituel, une statue en bois, de tant sur tant, de pur style Renaissance. »

Cette fois, le mandat est impératif et la commande vaut son pesant d'or.

Mais où trouver la bienheureuse statue ? J'en sais une au musée de Cluny, une autre au Louvre, énumère l'antiquaire.... où y en a-t-il encore de cette époque, de cette dimension ? Enfin, comme je ne suis pas pressé, tranche le collectionneur, lorsque vous aurez mon affaire, vous me préviendrez...

Et aussitôt commence la randonnée. L'antiquaire bat la province, parcourt l'étranger, promet partout des commissions en échange de l'oiseau rare ; il soulève en un mot, les appétits les plus dangereux. Car, s'il ne faut pas suspecter la loyauté ni la science de l'antiquaire, les rabatteurs qu'il emploie, sont fatalement douteux.

Nous ne nous ferons pas, ici, l'écho des racontars et des légendes : *la Joconde* dérobée au Louvre pour le compte de la galerie de X. ; la châsse de saint Ferdinand volée dans l'église de Saint-Ferdinand, pour le plus grand ornement de la collection célèbre de tel Yankee, etc.

Fig. 25. — *Méditation*, par J. Cavé.
Œuvre de facture similaire à la suivante.

Cependant, il résulte, on l'avouera, de la cupidité soulevée à prix d'or, des méfaits innombrables qui prêtent aux conjectures les moins généreuses, et les excusent.

Notez que le véritable collectionneur sourit, lorsqu'il ne s'enorgueillit pas, même, de ces conjectures. On fait de la réclame à son goût, on le proclame capable d'acquérir la beauté, coûte que coûte. On rend hommage, en somme, à son amour de l'esthétique.

Pour un peu, n'est-ce par patriotisme que X. aurait fait cambrioler telle cathédrale ? Voyez, non seulement il ne tire aucun bénéfice de son larcin, mais il le léguera généreusement à son pays...

D'autre part, tout le monde sait que la galerie de X. est unique au monde, et les précieux bibelots dérobés doivent s'estimer bien heureux de figurer parmi des pièces uniques !

Bref, comme de son côté l'antiquaire ignore, par principe ou véritablement, l'origine de ses mandataires occasionnels, il se contentera au cas échéant, de les traiter de brigands et de porter plainte contre inconnu.

Il n'empêche que la curée des œuvres d'art menace notre magnificence nationale. Que d'inestimables beautés nous ont déjà été ravies, au bénéfice des particuliers ou bien de l'étranger, et toujours au détriment de l'agrément et de la richesse publics ! Qui dira les dégradations, le vandalisme, de tous ces appétits déchaînés ! Ici une délicieuse statue gothique

Fig. 26. — *Le jeune frère*, par W. Bouguereau.

manque à sa niche ; là un inestimable bas-relief a été arraché à un autel, ou bien une admirable plaque ciselée à un meuble. Qu'est devenu ce tableau dont le cadre brisé gît à terre? Et ce volet, à quel retable appartient-il ? Et ces émaux, qui les extirpa odieusement de cette châsse? Et ces morceaux d'étoffe, et ces débris de vases, de statues, et ces panneaux et ces moulures, de quelle intégrale merveille se réclament-ils? L'audace des pourvoyeurs de beauté — ou des voleurs — est effarante.

On achète une vieille maison, une vieille église, que l'on emporte, pièces par pièces, et si l'État n'y mettait pas le holà ! et si certaines municipalités avisées ne défendaient pas leurs antiquités, c'est à la physionomie de nos paysages, au pittoresque de nos villes, que l'on attenterait !

Déjà, le sot crayonne, grave honteusement sur les chefs-d'œuvre à la portée de sa main ; lorsque, même il n'emporte point des petits morceaux de beauté « en souvenir ». Et ce sont des dentelles de pierres usées au contact du toucher sacrilège, et ce sont de rares tissus maculés, autant de déprédations irréparables qui rejoignent les restaurations maladroites, les fâcheuses reconstitutions et autres copies et répliques, dans le domaine de la profanation.

Aussi bien, pour certain public, la satisfaction d'art n'est qu'une curiosité stupide. M. Prud'homme s'assied, le visage épanoui, sur le trône de Napoléon. « C'est là qu'il s'asseyait ! » Dumanet passe avec admiration son doigt sur le fil du glaive de Charlemagne, M. Snob respire voluptueusement dans le cabinet de toilette de Marie-Antoinette.

Fig. 27. — *Faux dessin à la plume de Raphaël*, d'après l'original du musée du Louvre.

Épreuve de photogravure, au grain de résine, tirée sur vieux papier, couleur vieille encre; appartient au Musée du faux, fondé à New-York par M. Jacques Seligmann.

Bædecker, enfin, guide l'étranger à travers des nomenclatures, tandis que les libertins cherchent dans certaines gargouilles, dans certains détails de sculpture, dans des coins de tableaux, des grivoiseries célèbres.

Pour en revenir plus essentiellement à notre sujet, nous avons distingué, d'une part, les méfaits de la fausse antiquité, et, de l'autre, ceux plus néfastes encore, de la véritable. Du moins le grand antiquaire, complice du grand collectionneur, est-il plus redoutable que le petit bric-à-brac, marchand de curiosités, parce qu'il recherche (ou est censé rechercher) l'authencité, coûteusement, tandis que l'autre, économiquement, n'écoule guère qu'une camelote sans garantie[1] à des connaisseurs improvisés.

On sait, enfin, le résultat déplorable de cette course au bibelot rare : nos musées, nos églises cambriolées, etc.

Nous en arrivons, fort heureusement, à douter, d'une manière générale, de l'authenticité elle-même. Cela nous consolera de tant de beautés disparues, de tant de merveilles saccagées, qui n'étaient peut-être bien que de vulgaires copies et truquages !

Entendez-vous d'ici l'éclat de rire réconfortant des faussaires ? Ah ! si les momies soi-disant antiques pouvaient crier leur âge !

Ah ! si la voûte sacro-sainte des galeries pouvait résonner sous la protestation des tiares de Saïtapharnès, des similis-Rembrandts, des émaux préten-

---

1. Il est vrai que, pour plus de sûreté, dans le commerce de l'antiquité, en général, on a pris maintenant le parti de ne plus rien garantir.

Fig. 28. — *Dessin dans le style ancien*, par E. Burne-Jones (1833-98).

dus limousins, des bahuts Renaissance en rupture de faubourg Saint-Antoine (*fig.* 16)!

Une constatation générale au surplus, achèvera de calmer notre émoi dans une joyeuse allégresse. Antiquaires, marchands de curiosités, bric-à-brac, du plus grand au plus petit, grands et petits collectionneurs, véritables amateurs et amateurs à la manque, communient dans l'erreur. Réconcilions-nous donc, sur ce terrain, avec l'infaillibilité humaine et, même, avec la fraude supérieure.

Il est bien évident que lorsque l'art de tromper atteint à des sommets, on doit beaucoup lui pardonner. La bonne foi du marchand pouvant s'absoudre à la rigueur, d'être surprise, puisque le client se laisse prendre à de la beauté, quelle qu'en soit l'origine.

La mauvaise foi du marchand, d'autre part, équivalant à la qualité inférieure du connaisseur. L'expert enfin, garantissant avec une timidité qui n'a d'égale que celle avec laquelle il conteste.

Néanmoins, à tout seigneur tout honneur, les grands procès (comme les grands marchés) vont au grand antiquaire qui supporte justement la charge et le privilège de sa renommée. Les grands paient pour les petits, simplement parce qu'ils ont plus d'argent du fait qu'ils ont la clientèle la plus riche.

Mais, répétons-le, la bonne ou la mauvaise foi devant l'erreur et la fraude, est commune à tous les marchands, et nous ne redirons plus que le client prend la plus grande part de responsabilité dans cet état de choses.

Fig. 29. — *Fausse gravure en couleurs* du XVIIIe siècle, héliogravure.

Abordons maintenant l'examen de la fraude. Celle-ci est extraordinaire, aussi extraordinaire que la crédulité humaine. « La manie des antiquités a pris un tel développement que, pour satisfaire aux demandes, il a fallu *faire fabriquer*. Des usines de vieux-neuf se sont ouvertes chez nous et, à l'étranger, des usines à outillage perfectionné.

« Un Pérugin vous fait envie? Adressez-vous à Turin ; il y a là, un artiste qui en fournira de superbes pour 4.000 à 5.000 francs. Les peintres flamands ou hollandais ont-ils vos préférences? Chez X..., à Bruxelles, vous trouverez votre affaire, et surtout des Hobbéma et des Ruysdaël. Pour les Rembrandt, c'est à Hove, près d'Anvers, qu'il faut aller. Vous pouvez regarder : la toile ou le panneau est bien de l'époque ; quant à la peinture, c'est une autre histoire.

« Les belles statues de pierre du xv$^e$ siècle se sculptent à Reims. Bourges et Lyon vous enverront, sur demande, des mobiliers sculptés Renaissance, de l'école de Lyon ou de Bourgogne. Les amateurs de reliquaires, châsses, monstrances du xv$^e$ siècle, n'ont qu'à venir rue Dufrénoy. Bibelots, bonbonnières anciennes, carnets de bal, tabatières, se fabriquent rue de Châteaudun ; meubles et bronzes anciens encombrent un magasin, boulevard Beaumarchais ; les cuivres anciens se cisèlent passage de l'Élysée-des-Beaux-Arts.

« Enfin, dans le XVIII$^e$ arrondissement, à Paris, prospère un artiste qui exécute, à la perfection, les Largillière et le portrait du xviii$^e$ siècle. »

Le « Metropolitan Museum » de New-York, dit l'*Intransigeant*, réunit en ce moment divers échantillons de contrefaçons de l'art antique et moderne. Les terres cuites y sont généreusement représentées. On

Fig. 30. — *Martyre de saint Sébastien*, par J. Callot (?).

ne sait encore si notre Louvre collaborera à cette intéressante exhibition, d'autant mieux que les vitrines du pavillon Denon recèlent un nombre incalculable de fausses statuettes, tanagras et autres, si mal identifiées — et pour cause ! — que des experts n'ont su dire si elles venaient de Smyrne, de Thrace, voire de Béotie ! »

Il eût été si juste de dire qu'elles venaient de Montmartre !

Mais ces notes amorcent simplement le vaste chapitre de l'artifice dont nous parlerons plus spécialement, au détail de chaque matière artistique.

Contentons-nous de dire, pour l'instant, que la baignoire « en sabot », dans laquelle mourut Marat[1], court les rues, comme les crânes de Voltaire, les musées; que plusieurs existences eussent été nécessaires à Rembrandt, à Boucher, à Corot et *tutti quanti*, pour peindre toutes les toiles dont on les rend responsables ; que, faute d'avoir duré plusieurs siècles, la Renaissance ne saurait, logiquement, endosser la paternité de tous les meubles et bibelots qu'on lui prête — on pourrait en dire d'ailleurs autant de toutes les époques ; — que les chefs-d'œuvre enfin, grecs et romains, n'ont point de secret pour nos modernes artisans, non plus que les âges préhistoriques.

Il importe encore de savoir, par exemple, que le Grand-Montrouge fabrique de parfaites momies égyptiennes « remontant à la plus haute antiquité », que le faubourg Saint-Antoine nous alimente à jet continu de mobiliers de style ancien; que la source des manuscrits les plus rares est intarissable, grâce

---

[1]. Lors d'une récente exposition des œuvres de Louis David trois toiles de même dimension et quasi identiques (*fig.* 17), représentant la *Mort de Marat*, figurèrent. Sont-elles toutes trois de David, ces toiles ? Mystère...

LES DEUX LARRONS 67

Fig. 31. — *Martyre de saint Sébastien*, peinture prétendue de J. Callot, musée du Louvre.
Voir la gravure suivante.

à d'habiles trafiquants du Marais; que les vieilles étoffes ainsi que les costumes « du temps », tout comme les vieilles faïences, les armes et les armures, ont leurs usines, ici et là, partout.

Usines en chambre, le plus souvent, où de modestes artisans — voire de grands artistes — travaillent dans l'ombre, parqués, rigoureusement surveillés par leurs employeurs.

Hélas! cette énumération, en gros, des artifices, qui s'augmente du cynisme des fausses signatures, des marques et poinçons de contrebande, semble l'excuse même de tant d'erreurs, que la mauvaise foi de certains marchands, que l'ignorance de certains experts, et celle, plus excusable, du plus grand nombre d'amateurs, ne saurait dissiper. En attendant que l'on se contente d'acheter de la Beauté, pour elle-même, au mépris et non en raison de son coût — ce qui serait la garantie la plus évidente —; en attendant que l'on se pénètre de cette idée que les musées, les collectionneurs et les amateurs (sans oublier la vétusté, l'usure, causes de ruine et de disparition) suffisent à l'épuisement des restes du passé, il faudra se résoudre à naviguer entre le vrai et le faux.

Certes, le caprice de la mode, les besoins d'argent, mettent bien souvent en circulation des vieux bibelots dont on se débarrasse ou que l'on ne peut plus retenir ; quelques occasions restent bien à faire, dans les campagnes notamment, mais encore nous

Fig. 32. — *Martyre de saint Sébastien*, gravure de J. Callot qui aurait servi à faire la peinture précédente (calque inversé).

verrons qu'il ne faut pas toujours se fier à ces dernières occasions. Il importe en effet, de se montrer logiquement sceptique à l'égard de cette quantité innombrable de meubles disponibles, se réclamant de l'antique. Méfions-nous donc des ventes soi-disant pour cause de départ, des foires et autres « marchés aux puces », des ventes à la campagne où l'on trouve des « occasions » souvent si décevantes, après coup; au surplus, nous développerons par la suite, ces conseils de prudence, et nous nous efforcerons de donner au lecteur les moyens les plus pratiques de n'être point trompé, ou, du moins, de l'être le moins facilement possible.

D'ores et déjà, il ne faut pas confondre la copie, le pastiche et le truquage. On copie plus ou moins bien un objet ancien, et on le vend pour tel. Le prix d'une copie dépend de la qualité d'exécution artistique. Une belle copie a sa valeur, mais elle n'est pas maquillée, on sent qu'elle est neuve, tandis qu'un truquage est un maquillage prétendant à l'antiquité. Un truquage vendu comme de l'ancien constitue un abus de confiance, en raison de son prix élevé proportionné à sa garantie, à sa rareté. Le pastiche, lui, a la franchise de la copie dont il partage souvent la beauté.

Il y a de beaux truquages, des truquages complets ou des demis, des quarts, des tiers de truquage, selon que l'objet d'art est entièrement neuf ou que plus ou moins d'authenticité préside à sa confection.

Or, dans ce dernier cas, il peut s'agir d'une « res-

Fig. 33. — *Un véritable Rembrandt ?*

tauration » et le prétexte est joli, puisque le moindre petit morceau de vérité suffit souvent pour faire « avaler » une importante pièce déclarée « ancienne ».

Le remède initial contre l'incertitude serait d'abord de s'y connaître, si l'on tient essentiellement à une beauté réellement ancienne, — mais rassurons-nous, les plus fins connaisseurs s'y trompent, — quitte à se consoler, en pensant que l'on a pris plaisir à acheter une œuvre qui ne saurait démériter par elle-même. Dans le cas contraire, on n'avait qu'à s'offrir franchement la copie d'une belle chose et, quant à se plaindre au marchand d'avoir été trompé, cela ne va pas sans ridicule. D'autre part, le marchand n'est point fatalement de mauvaise foi et enfin, si la question de prix intervient dans le marché, avouez que vos doléances et revendications seront mesurées à l'importance de la somme payée, appréciation qui n'est pas d'ordre artistique.

Nous sommes convaincu d'ailleurs, que si l'on vous vendait une antiquité pour une copie, vous ne réclameriez pas ; mais, au fait, êtes-vous digne de reconnaître que, cette fois-ci, ce n'est plus le marchand qui est un fripon? Êtes-vous de force à jouir de l'aubaine? En raison même du principe — faux exceptionnellement en matière d'art et de tout ce qui s'y rattache — que « l'on en a toujours pour son argent », il faut d'abord que la qualité intrinsèque de la beauté domine le souci de la valeur commerciale. Puis, il importe d'estimer sincèrement que si la beauté est coûteuse par essence, on ne doit cependant l'évaluer qu'à la hauteur

Fig. 34. — *Un faux paysage de G. Courbet.*

des sentiments esthétiques que l'on a. Ainsi toujours domine-t-on l'erreur.

En matière de « bibelotage », enfin, puisqu'il s'agit de glaner, de « dénicher », de courir des chances, des hasards, des occasions, les risques de faire une bonne ou une mauvaise affaire (aussi bien du côté amateur que du côté marchand) sont admis. Le tout est de se défendre, d'apprendre sinon à s'y connaître, du moins à se méfier, et, c'est à ce soin que nous allons tendre.

## CHAPITRE IV

## Les pièges tendus à l'amateur
## Comment il se défend

Examinons, tout d'abord, et d'une manière générale, les pièges tendus à l'amateur. Il faut avouer que ces pièges sont aussi parfaitement adaptés à la crédulité qu'à la malice — singulière complication inhérente à l'amateur — dont ils veulent abuser. Mais la confiance du client, vis-à-vis de son marchand, a raison de la malice, au point de se convertir en conviction. D'autre part, le marchand sait se récuser devant l'indicateur de la « bonne affaire » à temps et avec un tel talent, même, que le client achète, le plus souvent, à l'indicateur, en dehors du marchand son complice.

Tandis que le marchand tient boutique, sans mystère, l'indicateur — non patenté — révèle sous le sceau du secret, de rares curiosités et pièces de choix qu'on a dénichées par hasard. « Prière aux marchands de s'abstenir », disent les petites annonces, à la quatrième page des journaux; sans quoi, M. Gogo ne croirait plus à son privilège... d'être mystifié par les marchands eux-mêmes.

Le marchand, donc, — naturellement, nous ne parlons ici que du commerce malhonnête — lorsqu'il s'agit de la bonne affaire, sait qu'il est suspect. Tout dépend, au surplus, de l'importance et de la fortune de l'amateur visé. Nous savons qu'il faut toujours du nouveau à certains clients et, les indicateurs n'ignorent pas cette particularité, non plus que chacun des goûts à satisfaire. Autant de goûts, autant de truquages correspondants.

D'ailleurs, les affirmations de la science et de l'expertise sont, avec la meilleure bonne foi du monde, les auxiliaires les plus parfaits de la mystification, dont l'art et l'habileté atteignent souvent à l'extraordinaire.

Nous nous abstiendrons, à ce propos, de conter des anecdotes aussi connues que douteuses, aussi nombreuses que spirituelles. En dehors des bévues officielles complaisamment ébruitées, il faut humainement admettre que l'on ne se vante pas d'avoir été « roulé », et l'erreur privée préfère le silence.

D'autre part, si les savants et les experts se trompent, qui croire? Mais tout simplement notre science propre, basée sur la force de notre illusion éduquée. Puisque c'est vous qui achetez, c'est vous qui devez connaître les limites de votre contentement mesuré à la hauteur de vos désirs.

## LES PIÈGES TENDUS A L'AMATEUR

Fig. 35. — *Souvenir de Mortefontaine*, par J.-B.-C. Corot, musée du Louvre.

Bref, nous en arrivons aux mille et un trucs de la fraude sous la surveillance le plus souvent, du marchand malhonnête. Un quidam se rend chez un collectionneur et lui confie qu'il connaît un Rembrandt authentique, naturellement.

Le tableau est dans un grenier, en province. Flairant la bonne affaire, le collectionneur et son indicateur sont bientôt en campagne. On arrive chez des « braves gens » tout à fait inconscients de posséder un chef-d'œuvre, et comme bien vous pensez, on n'a garde de les éclairer.

Les « braves gens » sont pauvres, ils ne demandent pas mieux que de vendre tout ce qu'ils pourront, mais ils n'ont rien. Alors le collectionneur et son acolyte, en dernier ressort montent au grenier, histoire d'acheter n'importe quoi, pour qu'il ne soit pas dit qu'ils ont dérangé inutilement des « braves gens » et, dans un coin poussiéreux, sous des chiffons, derrière tout un bric-à-brac impressionnant, on aperçoit le « chef-d'œuvre ». Mais dans quel état ! couvert de moisissure, tout craquelé...

D'un coup d'œil, l'amateur est renseigné. Point de doute, c'est un Rembrandt [1] et, son émoi passé, il

---

[1]. Voici comment opéra certain marchand de tableaux pour tirer le plus large bénéfice possible d'un faux Rembrandt qu'il avait en sa possession. Il recouvrit de couleur fraîche la signature apocryphe du maître et envoya l'œuvre en Amérique. Puis il prévint la douane, par une lettre anonyme, du subterfuge dont se serait servi un marchand de tableaux qui, pour ne pas

acquiert le tableau précieux à un prix modique, tandis qu'il verse la forte somme entre les mains de l'indicateur.

Or, les « braves gens » sont ni plus ni moins de « mèche » avec l'indicateur, qui, aussitôt que le collectionneur a le dos tourné, partage avec eux sa commission, sans oublier, dans la répartition des bénéfices, le marchand, troisième complice.

Or, le soi-disant Rembrandt n'est qu'une copie d'ailleurs remarquable ou bien qu'un excellent pastiche de fabrication toute récente.

Autre mystification analogue. On vient un jour prévenir l'amateur que l'on a découvert, dans une écurie, chez des fermiers, un superbe coffre de la Renaissance. Figurez-vous que les vandales s'en servent comme de mangeoire pour leurs bestiaux ! Et notre amateur, flanqué de son guide, est bientôt rendu à l'écurie. « Quel superbe coffre ! pense-t-il, et, benoîtement, il propose au fermier, après avoir critiqué l'incommodité de la mangeoire, de lui en adresser une du dernier modèle, à la place. En apparence, le fermier n'en croit pas ses yeux, mais en réalité, notre amateur est volé, car le coffre en question n'est qu'un

---

être taxé à la valeur de l'artiste célèbre exporté, aurait masqué le nom fameux. On enquête aussitôt, le marchand est poursuivi devant les tribunaux, car la dénonciation anonyme a été heureusement vérifiée. Or, notre marchand s'en tire avec une grosse amende, tandis que son « Rembrandt », bénéficiant d'une réclame scandaleuse, lui rapporte une fortune.

truquage habile transporté dans un cadre ingénieusement imprévu.

Ah! tu te méfiais du marchand ? Eh! bien, voilà pour ta peine...

Mais là ne s'arrête pas la fraude sur ce thème dont les variantes, au reste, se devinent. Passons donc maintenant, au truc des fouilles. Cette fois le décor change et notre fraudeur a revêtu la blouse du terrassier. « Il a trouvé, dans une pelletée de terre, des médailles d'or qu'il apporte. » Il en ignore la valeur, naturellement, n'étant qu'un pauvre terrassier, et puis il ne faut pas que sa trouvaille s'ébruite, sans quoi la loi la lui disputerait. Nul doute pour l'amateur, les médailles sont précieuses et, finalement, il paie un bon prix des pièces quelconques que l'on avait enfouies pour la circonstance.

Le coup de la fouille et la diversité de ses attractions, varie selon le terrain propice aux hypothèses archéologiques. Le nombre des poteries, tombeaux, armes, etc., prétendus authentiques, déconcerte. Le lieu où on les découvrit n'est point hélas! toujours une garantie. Michel-Ange n'ignorait pas le snobisme de ses contemporains, lorsqu'il fit chorus avec eux devant une belle œuvre antique, que l'on venait de déterrer. Le malheur fut que la soi-disant œuvre antique n'était qu'un de ses propres chefs-d'œuvre qu'il avait malicieusement enfoui, et l'histoire nous dit le sot désenchantement des précédents admirateurs...

LES PIÈGES TENDUS A L'AMATEUR 81

La découverte dans le sol, d'une statue mutilée —

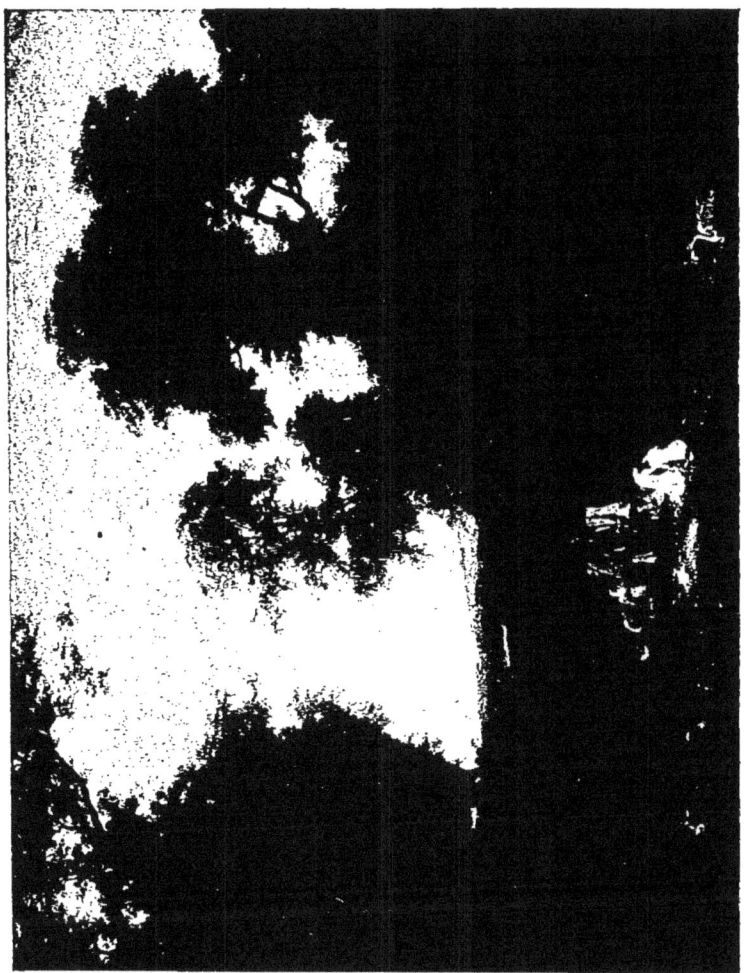

Fig. 36. — Un Corot inconnu.

il vaut mieux, pour la crédulité et pour davantage de vraisemblance, qu'elle soit mutilée — est donc d'intérêt supérieur. Comme les savants guettent l'occa-

5*

sion de se manifester, ils attisent volontiers les désirs de toute une élite locale. De même qu'il y a toujours un archéologue à l'affût du bavardage et qu'un Mécène se révèle généralement aux alentours d'un chef-d'œuvre exhumé, le musée de la grande ville voisine se fait une fête de recevoir la pièce fameuse.

Et l'archéologue écrit sur la bienheureuse statue de longs mémoires qui lui ouvrent une honorifique carrière de « correspondant de plusieurs sociétés savantes », tandis que le Mécène reçoit des décorations et que la municipalité se frotte les mains. Songez si elle est flattée par ses électeurs et sûre de sa réélection cette municipalité, en échange de sa clairvoyance artistique si profitable aux finances de la ville où les étrangers goûteront maintenant une attraction de plus !

Or, neuf fois sur dix, la précieuse statue est fausse. Passe encore si elle était belle cette statue, cela l'absoudrait ; mais, quand on voit des gens se pâmer sur une œuvre sinon très mauvaise du moins très médiocre, en raison seule des hasards et du mystère de sa découverte, on demeure confondu !

Ce sont ces mêmes gens qui admirent la tour Eiffel ou bien l'obélisque de la place de la Concorde parce que ces monuments furent très difficultueux à édifier ou parce qu'ils sont simplement curieux à voir.

Dans certains cas, la curiosité communie avec l'archéologie, dans la négation de l'art et, si elle arrache aux moindres pierres leur état civil, il ne s'ensuit point, pour cela, que ces pierres sont belles.

Les fraudeurs, d'ailleurs, sont au courant des manies

Fig. 37. — Un paysage de *Trouillebert*, à la manière de Corot.

archéologiques, et les monuments du passé, grâce à eux, livreront toujours des secrets nouveaux.

Pareillement, les ossements s'offriront sans cesse aux investigations. Que d'hommes préhistoriques restent à inventorier! Que de défenses de mammouths! A propos de ces recherches et découvertes sensationnelles décidées à nous prouver — pourquoi ? — que l'espèce humaine descend du singe, ou, du moins, que la physionomie humaine a subi des variations à travers les siècles, nous citerons l'opinion autorisée du célèbre statuaire E. Frémiet. « Je conteste formellement les dires des savants sur ce point. Ainsi, lorsque je fis mon *Homme de l'Age de pierre*, désirant être des plus exacts, je cherchai dans une vitrine du Jardin des Plantes le crâne d'un homme de ces temps, que j'agrémentai, en me servant strictement des indications de la structure osseuse, de tous les organes disparus. Or, jugez de ma surprise et de mon édification, ce fut le très beau visage d'Alphonse Daudet que je vis surgir du crâne préhistorique en question !...

Mais, au fait! les truqueurs devancèrent à ravir les savants dans leurs prévisions, et il ne tient qu'à eux de réaliser leurs désirs. A quand le *véritable* crâne préhistorique donnant — garanti sur facture — la conformation idéalement scientifique? Ils n'en sont pas à un squelette près, ces truqueurs, et, pour lui donner davantage d'authenticité, ils iront enfouir la « boîte osseuse » rêvée, en Allemagne, d'où un docte anthropologue germain répandra la lumière...

Mais poursuivons. Après les fouilles terrestres, voici les fouilles marines. De temps en temps la mer nous livre des antiques plus ou moins antiques

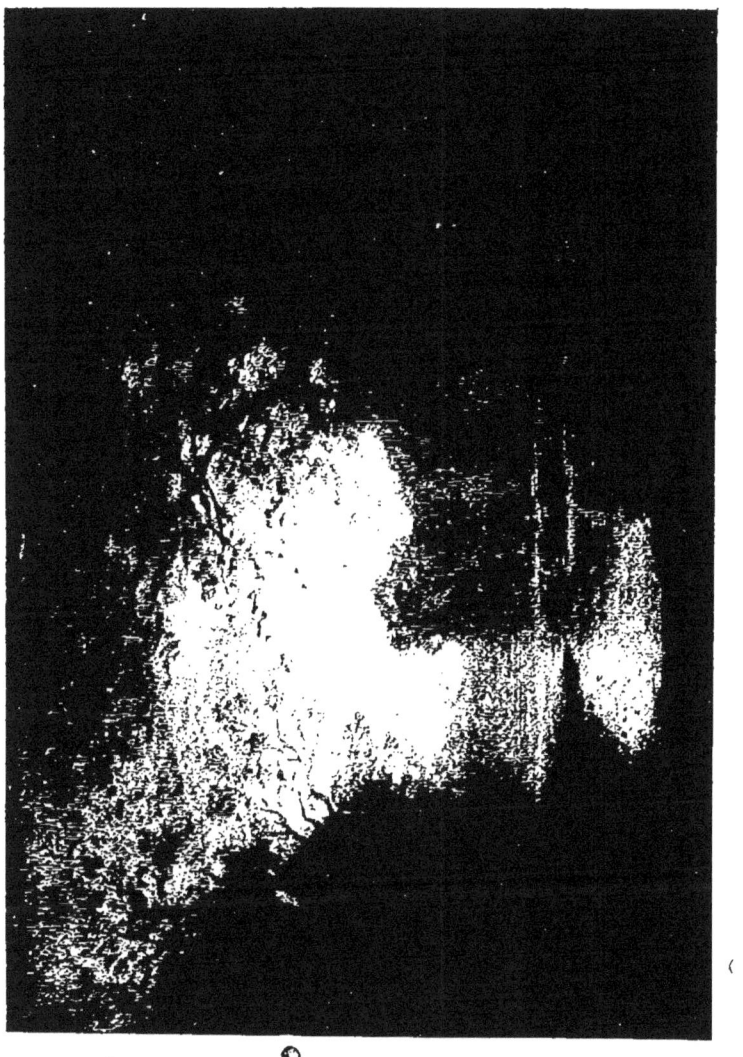

Fig. 38. — Un faux paysage de Corot.

et, en dépit de la qualité de l'œuvre, on s'extasie.

Point de doute, ces débris proviennent des Grecs ou des Romains ! Et la discussion entre les savants s'engage, tandis que le mystificateur s'esclaffe et que les musées s'encombrent.

Notez que, cette fois encore, l'œuvre par elle-même offre un vague intérêt et que si sa beauté était grande, cela ne prouverait pas encore qu'elle soit antique. Ne perdons pas de vue l'habileté du faussaire. D'autre part, nous admettons parfaitement des découvertes authentiques faites dans ces conditions, mais nous nous refusons à les admirer en dehors de leur beauté réelle.

Comme toujours, nous prétendons que le critérium artistique demeure l'évidence seule de la beauté, et non la source ou la légende plus ou moins intéressante qui les auréole. Au surplus, il y eut de tout temps des artisans et des trafiquants d'art, et rien ne nous garantit la supériorité de ces derniers, dans l'antiquité, sur nos modernes fournisseurs.

D'où la sottise de l'admiration pour des répliques anciennes qui ne valent pas nos plus médiocres originaux actuels.

Il n'empêche que les faussaires ne se lassent pas de jeter des bibelots « préhistoriques » dans les lacs où se tenaient autrefois des cités lacustres et que nos fleuves, pareillement semés de monnaies, d'armes, de poteries, seront intarissables, de par la volonté même des faussaires encouragés par les archéologues.

Et goûtez toute la vraisemblance de cette ferraille

rouillée sur laquelle se penchent les fronts les plus graves ! Admirez ces patines ! Ne vous avisez pas, surtout, de démontrer l'inauthenticité de ces reliques, vous leur ôteriez aussitôt leur prestige, et n'enlevez pas non plus, à cet amateur, l'illusion qu'il a d'avoir acquis une véritable momie, par exemple, tant il y mit le prix, alors qu'une momie authentique vaut, dans le pays même, une somme beaucoup moindre.

Aussi bien le genre de vanité change à chaque amateur, et voici celui qui montre un faux tableau de Corot dont son incompétence s'enorgueillit, en disant avec un rire satisfait : « Vous voyez ce Corot, n'est-ce pas ? Eh ! bien, je l'ai payé douze francs ! Et cet amateur, pour une fois, sans qu'il s'en doute, n'a pas gaspillé son argent...

FIG. 39. — *Fausse terre cuite ancienne.*
Terre cuite vieillie, avec rehauts de peinture effacée.

Pour clore notre exposé de la fraude et du truquage en dehors de la vente directe du marchand, voici une autre manière non moins redoutable.

Quelques gens du monde ne craignent pas de se prêter à la complicité des falsificateurs. La plupart de leurs meubles, tableaux et bibelots sont à vendre. Comme vous êtes à cent lieues de vous douter de cette anomalie et que l'estime de vos amis comme leur goût, vous en impose, votre crédulité croît en raison directe de votre confiance. Vous admirez donc, à haute voix, le beau mobilier de vos amis et répandez inconsciemment le bruit de cette beauté, dans vos relations. Il n'y a pas de meilleure réclame ! On demande à être admis au spectacle de cette beauté, vos « **gens du monde** » se laissent fléchir et, *pour faire plaisir*, ils cèdent leurs meubles et bibelots à des prix très rémunérateurs. Ce sont là, en réalité, des marchands déguisés. Ils ne paient pas patente et, de ce fait, vous êtes loin de soupçonner leur intérêt. Comment hésiteriez-vous sur l'authenticité de telle assiette ? Elle n'est point à vendre, n'est-ce pas, et, pour cette raison, elle vous fera envie, au point que vos « **gens du monde** » se verront bientôt contraints, toujours par amitié pour vous ou pour vos amis, de vous *céder* une pièce fausse pour un prix... des plus élevés.

Vous viendrait-il à l'idée encore, de suspecter la sincérité des diamants qui brillent au doigt de vos « **gens du monde** » ? Osez donc supposer que ces dentelles dont ils se parent sont fausses !

Au contraire, si bien présentés dans une atmosphère de luxe et « d'amitié », ces diamants et ces dentelles

Fig. 40. — *Dieux égyptiens*, statuette, fonte d'après original (traces du moule), vert-de-gris artificiel.

accusent une franchise incomparable et, du reste, un mot, et ils sont à vous — pour rien...

Le riche cadre contraste ici avec l'ambiance de

pauvreté précédemment décrite. Le résultat frauduleux est des deux côtés aussi avantageux, car il y a des rabatteurs adaptés à tous les milieux.

On croit faire une affaire en spéculant sur la misère, tout comme on s'imagine bénéficier d'une largesse. On est roulé dans les deux sens, voilà tout.

Voici maintenant, comment nos profiteurs-amateurs trouvent encore leurs maîtres. Autre mystification. Celle-ci consiste, de la part des fraudeurs, à annoncer à la quatrième page des journaux, ou au moyen d'affiches, une vente pour cause de départ forcé. Qu'on se hâte, le rare mobilier doit être vendu dans les deux jours!

Vente à vil prix! s'exclame l'annonce. Et, aussitôt, on se rue sur le prétendu mobilier rare que des marchands sans scrupule ont simplement entassé en désordre dans un riche immeuble vacant qu'un concierge malhonnête loua pour son propre compte, juste le temps de la petite opération.

C'est ainsi que s'écoulent chèrement les marchandises les plus douteuses. Que n'invente-t-on pas, pour jouer le public! Sans compter que la réclame vante souvent des curiosités imprévues. *Joli bibelot à vendre*, s'adresser... et, le joli bibelot n'est qu'une prostituée! C'est la revanche de la fallacieuse invitation du soupirant à celle qu'il convoite : « Je vous attends, chère Madame, entre 4 et 5 heures, pour vous faire les honneurs de ma galerie... »

Il faut se méfier enfin, de certains étalages derrière

lesquels des minois fardés sollicitent le curieux. C'est le miroir à alouettes, et les bibelots ne sont pas moins fardés.

Bref, après la grande ville, on *fait* la province et la campagne. Ce sont les mêmes tableaux, bibelots et livres qui repassent en vente, généralement ; mais le changement d'air est excellent pour ces sortes de duperies.

Pensez donc, si on allait trouver une édition rare dans la bibliothèque de M. X., un vieux notaire (soi-disant) décédé sans héritiers? Les « croquants » ne pousseront pas aux enchères; bonne affaire! De même, telle vieille et riche demoiselle(?) dont on annonce la vente *post mortem* devait avoir chez elle des bibelots inestimables! Et l'on se dérange avec empressement, pour n'acheter, le plus souvent, très cher, que de la pacotille apportée de Paris ou d'ailleurs.

FIG. 41. — *Buste de Diderot*, par Houdon.

Moulage de plâtre maquillé en terre cuite, appartenant au Musée du faux, fondé à New-York par M. Jacques Seligmann.

Tantôt encore, c'est un artiste qui, dans la misère, se sépare de ses œuvres [1], tantôt c'est un châtelain troquant sa galerie de tableaux contre une écurie de courses ou quelque « comte » en détresse. Autant de supercheries avantageuses pour nos marchands malhonnêtes dont les dupes, à vrai dire, ne sont guère plus intéressantes.

Avant d'ailleurs de faire le procès de ces dernières, nous terminerons notre examen de certaine industrie coupable. Voici les marchés à la ferraille où, de temps en temps, on croit trouver des occasions. Mais ces occasions sont précisément truquées à l'adresse de ces malins, d'autant hardis à marchander qu'ils s'imaginent parler à des miséreux, à des ignorants. Au bord de la mer, souvent aussi, des nomades trimba-

---

1. Souvent « la victime vous écrit du fin fond de sa province. C'est une variante de la lettre du « jeune homme éploré », suppliant qu'on lui achète, à vil prix, un lot de vin soi-disant merveilleux qu'il ne veut pas abandonner aux créanciers d'une succession malheureuse. Et le jeune homme éploré n'est ni plus ni moins qu'un marchand déguisé. — Henri Rochefort a conté d'autre part, le coup de l'*orpheline de l'hôtel Drouot* : « Une jeune fille, d'une beauté triste et impressionnante, modestement mise et accompagnée d'une dame respectable, vous a vu pousser avec ardeur des toiles de maître. Elle s'approche, et, timidement, vous dit : « Vous êtes amateur de tableaux, n'est-ce pas, monsieur ? Mon père, en mourant, nous a laissé un magnifique Goya. Si vous vouliez venir le voir... » Vous suivez la jeune fille jusqu'à son logis, et vous constatez que le Goya est l'œuvre maladroite d'un pauvre rapin de Montmartre. Mais la jeune fille est si jolie, et elle dit si dramatiquement que l'huissier la guette et que son terme n'est pas payé ! Alors, pour quelques louis, vous achetez le tableau, que vous donnez ensuite à votre petit-fils pour qu'il s'en fasse une cible à fléchettes ! »

lent, au long des plages, leur pacotille alléchante, des vieux étains, des vieux cuivres principalement, et l'au-

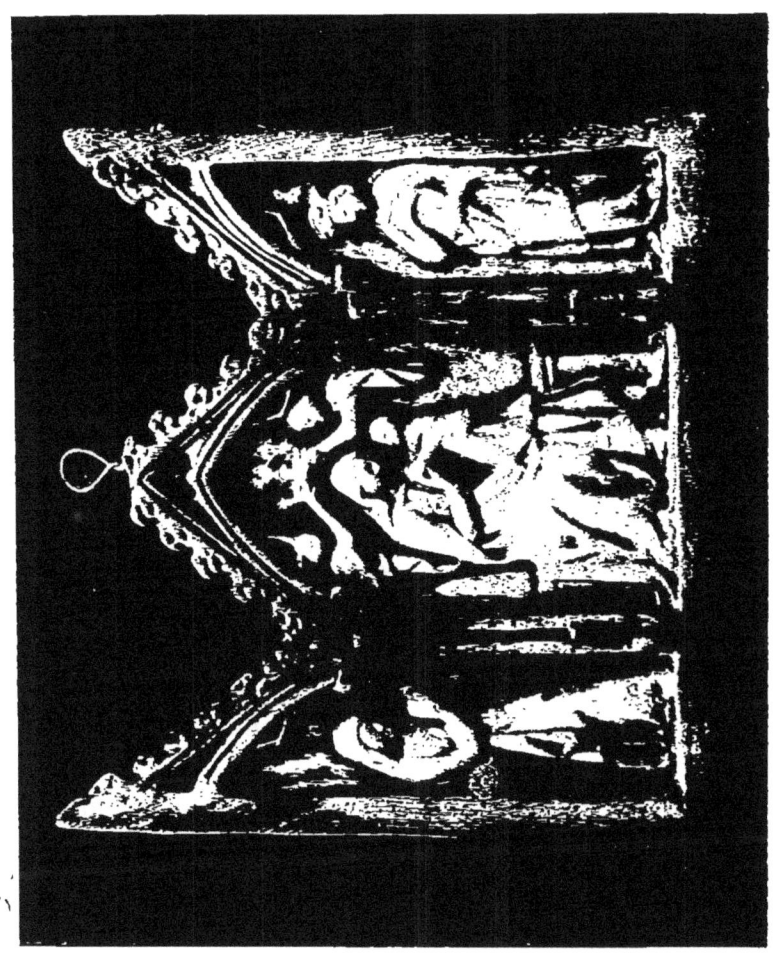

Fig. 42. — Faux ivoire ancien.

thenticité de ces bibelots est des plus contestables. En revanche, voici de la marchandise tout à fait

trompeuse. Il s'agit de celle que certains individus habillés en marins proposent à domicile, des étoffes et bibelots d'Orient qu'ils rapportent soi-disant de leurs voyages. Or, lesdits marins dont la tenue n'a rien de réglementaire (ils n'ont guère que le béret et le costume bleu... marin des équipages de la flotte) n'ont pour la plupart jamais navigué, et ils vous offrent à des prix élevés des broderies cochinchinoises, des vases chinois, des armes qu'ils ont le plus souvent achetés dans les grands magasins de Paris. Le similimarin se présente chez vous comme un brave « mathurin » en congé de convalescence ou bien libéré sans argent et, apitoyé par sa détresse, vous lui payez deux fois plus cher qu'ils ne valent, ses prétendus souvenirs. Ce sont ces mêmes marins qui vous vendront en été, sur quelque côte normande, à des prix élevés, des gousses de vanille « éventée », tandis que des Algériens, véritables ou de contrebande, se déferont aussi avantageusement, de fourrures soi-disant rapportées de leur pays, mais en réalité, de pelleteries quelconques, avariées et mises au rebut par quelque grand fourreur parisien.

On pourrait multiplier ces exemples de la crédulité humaine, si excusable souvent, en raison de la beauté des imitations, pastiches, copies et truquages offerts à ses moindres caprices, dans une variété de présentation proportionnée à la qualité des soupçons les plus avertis. Ne croyons pas davantage à la sincérité des tableaux « de famille » trouvés dans les caves qu'à ceux qui décorent, depuis « des siècles », des lambris vieux pour la circonstance. Méditons sur l'histoire de la perle rare vendue 50.000 francs à un escroc qui, s'étant plus tard adressé à sa dupe pour qu'il lui en procure une pareille, coûte que coûte, lui fit acheter par un compère, excessivement cher, sa propre perle et naturellement ne reparut plus !

Méfions-nous du paysan ignorant de sa « richesse », du provincial jobard, de l'homme du monde dispensateur de beauté « pour le plaisir », du pauvre « bougre » mourant de faim à côté d'un chef-d'œuvre... Autant de mystificateurs le plus souvent.

Est-ce à dire qu'il n'y a plus de réelles antiquités à vendre? Non point, mais il importe de savoir que toute la province a été battue et rebattue, écumée par les marchands et, d'autre part,

Fig. 43. — Étui en faux ivoire de Chine (celluloïd).

ce serait de la naïveté de s'imaginer que les paysans et les provinciaux ignorent la valeur des bibelots, meubles et tableaux qui leur restent.

Certes, les occasions se présentent et se représenteront ; toutes les vieilles familles ne se sont point encore débarrassées de leurs antiquités ; il est même permis de croire qu'un grand nombre de ces vieilles familles lâcheront un jour leur trésor. Mais encore faut-il n'accepter toutes ces vieilleries, en expectative, que sous bénéfice d'inventaire.

Au surplus, qui nous dit que l'astuce des marchands n'a pas violé les plus anciennes demeures, sinon pour acheter, du moins pour copier frauduleusement des pièces interdites à leur cupidité ?

Toutefois, répétons-le, les possesseurs d'antiquités connaissent aujourd'hui, à force d'avoir été sollicités, le prix de leurs collections et, si les ventes, petites ou grandes, permettent des acquisitions, des échanges et des réapprovisionnements, il faut demeurer en garde contre tous les trucs décevants que nous venons de dire.

Deux mots pour finir, des méfaits du client en pendant à ceux du marchand. Tout d'abord, nous tenons à souligner la parfaite loyauté d'un grand nombre de ces marchands d'antiquité, de curiosités et autres bric-à-brac, brocanteurs, etc., qui seront de notre avis, d'ailleurs, pour flétrir les « brebis galeuses » de leur profession.

Aussi bien, ces « brebis galeuses » ont souvent fait des victimes parmi les honnêtes marchands et, puisque l'exception justifie la règle, nous tenons à rendre hommage à ceux qui partagèrent la désillusion de leurs clients, à ceux même qui la devancèrent, à ceux enfin dont la garantie fut sincère comme le conseil, prudent, et le goût désintéressé.

Nous en arrivons maintenant au client, de qui la droiture est, cette fois, des plus douteuses, généralement sinon toujours. Passons sur les rouiries proverbiales du marchandage, communes au client et au vendeur. Dépréciation de l'objet que l'on désire, pour l'obtenir à meilleur compte et autres fausses attitudes, si familières aux deux camps adverses, qu'elles n'équivalent à rien.

FIG. 44. — *Petit buste du prince Eugène* (moulage de plâtre maquillé en terre cuite), signé Chinard.

Appartenant au Musée du faux, fondé à New-York par M. Jacques Seligmann.

Il faut cependant toujours marchander. La tranquillité avec laquelle vous accepteriez le prix fait *illico* par le marchand, étant de nature à lui donner des doutes sur ses propres connaissances. Si vous sautez ainsi sur sa marchandise, c'est donc que vous la trouvez si avantageuse ? Alors, dans ce cas, ne se tromperait-il pas sur la valeur de la marchandise en question ? Et c'est la raison pour laquelle vous verrez soudain votre bric-à-brac vous refuser tout net la vente de l'objet convoité, à n'importe quel prix, jusqu'à plus ample informé.

Mais, au fait ! nous allons voir le client recourir, ni plus ni moins, aux roublardises qu'il réprouve chez le marchand !

Voyez-le plutôt, modestement, sinon sordidement vêtu, quémander le bibelot de ses rêves. « Ses moyens ne lui permettent point de faire des folies », il marchande, il marchande... Tantôt, pourvu d'un conseil judiciaire, notre malin — que sa dupe (?) a aussitôt éventé — désirerait de la beauté mesurée à son infortune...

Bref, neuf fois sur dix, le malin client, à qui, eu égard à son subterfuge, on avait pris le soin de surfaire la marchandise, est ravi du bon marché de son acquisition.

Autre truc employé, cette fois, par le collectionneur connu : il dépêche en ses lieu et place, un intermédiaire d'une naïveté de laquelle, non plus, le marchand avisé n'est pas dupe, puisqu'il la pratique de son côté, au cours de ses voyages, vis-à-vis de ceux qui l'approvisionnent.

Après avoir marchandé tout à l'entour du seul objet

qu'il convoite, le client malin demande enfin, sur le seuil de la porte, le prix de l'objet en question. Il demande cela négligemment. Désolé d'avoir vainement dérangé le boutiquier, il veut le dédommager. « Voyons, avant de partir, je désirerais tout de même vous acheter quelque chose. Combien cette petite niaiserie? » Et le marchand, s'il ne connaît pas cette nouvelle supercherie, sera enchanté de vendre tout de même, et, il lâchera la petite niaiserie seule convoitée, pour une bouchée de pain...

En vérité, l'amateur qui, d'autre part, profite souvent si odieusement de l'occasion, n'est qu'un dupeur dupé lorsque son occasion est fausse et, plus on compare le client et le marchand, plus on les trouve égaux vis-à-vis de la tromperie. Toutefois il faut dire que ces derniers trucs relèvent du commerce en général et qu'ils s'absolvent aussi de l'habitude. Nous nous retrouvons ici d'accord avec nous-mêmes en concluant que le client, collectionneur ou amateur de curiosités, mérite à la fois ses aubaines et ses déceptions, lorsque la beauté seule ne le réconcilie pas quand même avec son emplette.

Au prochain chapitre, nous aborderons essentiellement les moyens de reconnaître les fraudes, et nous estimons que notre prélude prépare à souhait l'ambiance favorable au déploiement d'une ligne de défense qui, certaines fois, sans rien apprendre à tant de malins (marchands et clients), pourra utilement servir les honnêtes gens des deux catégories..

## CHAPITRE V

**Les faux dessins. — Les fausses estampes**

Le commerce des faux dessins, anciens et modernes, s'exerce sur une grande échelle. Pour les premiers, on s'ingénie d'abord à une présentation conforme à la vénération exigée, absolutoire. C'est-à-dire que le cadre, l'aspect ancien, font volontiers passer sur les mérites du dessin. D'aucuns ont prétendu que les fraudeurs « vieillissaient » le papier, en le trempant dans un bain de café dosé à la couleur du passé, ou bien en l'enfumant; mais le moyen le plus sûr consiste à se procurer des feuilles de garde de livres anciens chez les bouquinistes, ou bien des feuilles de vieux registres auprès de quelque notaire de province. Fiez-vous donc, après cela, à la valeur du filigrane vu en transparence, pour identifier des dessins ou des estampes! Imaginez-vous ensuite, sur ce vieux papier authentique, un dessin à la sanguine, légèrement effacé au doigt et inséré dans un passe-partout neuf, bordé d'or ! Voici, à n'en pas douter, un dessin ancien !

Cependant, le dessin lui-même, n'est qu'un calque ou une copie, et son exécution à la sanguine (*fig.* 18), conformément aux préférences des vieux maîtres, doit vous être déjà suspect. Examinez donc la qualité de ce dessin en dehors des séductions de la présentation. Rappelez-vous vos visites au musée, afin de démasquer la copie ou le décalque ; au surplus, rendez-vous compte du style de la facture de ce dessin et, avant de l'acquérir, tâchez de lui trouver un « air de famille » avec ceux qui figurent notamment au Louvre. « L'air de famille » indique, en principe, plus de vraisemblance qu'une ressemblance absolue, et rappelez-vous que, dans un dessin, les hésitations du trait comme ses « repentirs », ne sont là, souvent, que pour troubler. Les maîtres ont, même dans leurs retouches, une décision que le faussaire malhabile ne peut réaliser.

La coiffure des personnages, leur vêtement s'ils sont habillés, et, l'expression même de la nudité, varient selon les époques. Des fautes de goût, des oublis, peuvent révéler la supercherie.

Si le dessin est à la plume, l'encre qui préside à sa confection frauduleuse sera soigneusement diluée pour l'aspect décoloré nécessaire. Ne nous arrêtons donc pas à cette observation; pourtant, nos encres d'aniline modernes ont des réactions particulières, elles sont bues en outre, par le papier et déteignent plus

# LES FAUX DESSINS

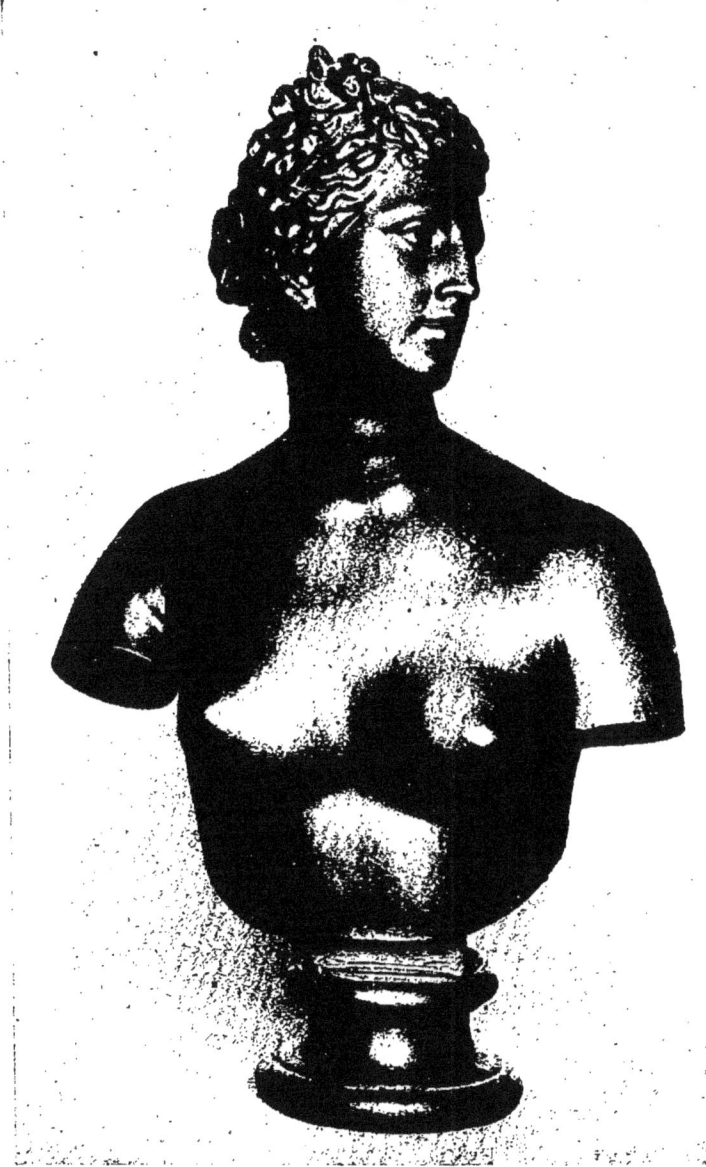

Fig. 45. — *Buste de la Vénus de Médicis*, en imitation de bronze; plâtre métallisé.

volontiers que les encres anciennes, d'un jaune de rouille assez spécial. Quant au papier, on le regardera tout de même, en transparence, car le faussaire se contente souvent de choisir un papier moderne imité de l'ancien, aux marques : Canson, Arches, Wattman, Ingres, etc. Ce papier moderne, genre ancien, est alors altéré, moisi, teint, usé et sali sur ses bords, brûlé par des acides.

Dans un dessin au lavis, il faut surveiller la qualité de la couleur employée. Nos couleurs actuelles diffèrent, comme composition, de celles du passé, et les cadres anciens ne devront pas toujours garantir la sincérité de l'œuvre qu'ils sertissent, étant donné leur intention souvent frauduleuse.

Dans un dessin au crayon rehaussé de blanc ou de gouache, on remarquera que ces rehauts ont jauni, s'ils sont authentiques, et noirci, s'ils ne sont même tout noirs. En général, ces rehauts de lumière, s'ils sont clairs, ont été repris.

On notera qu'il est dangereux d'acheter des dessins « authentiques » de maîtres hollandais, anglais, français, allemands, etc., dans leur ville natale, où la contrefaçon s'exerce activement, sous le pavillon d'une certaine logique. Autre constatation : les dessins faux pullulent au gré de la mode du moment. Ainsi, actuellement, les François Boucher, les Greuze, les Nattier (*fig.* 19), tous les maîtres du xviiie siècle, trompent à qui mieux mieux. En principe, enfin, les signatures et monogrammes n'authentiquent point

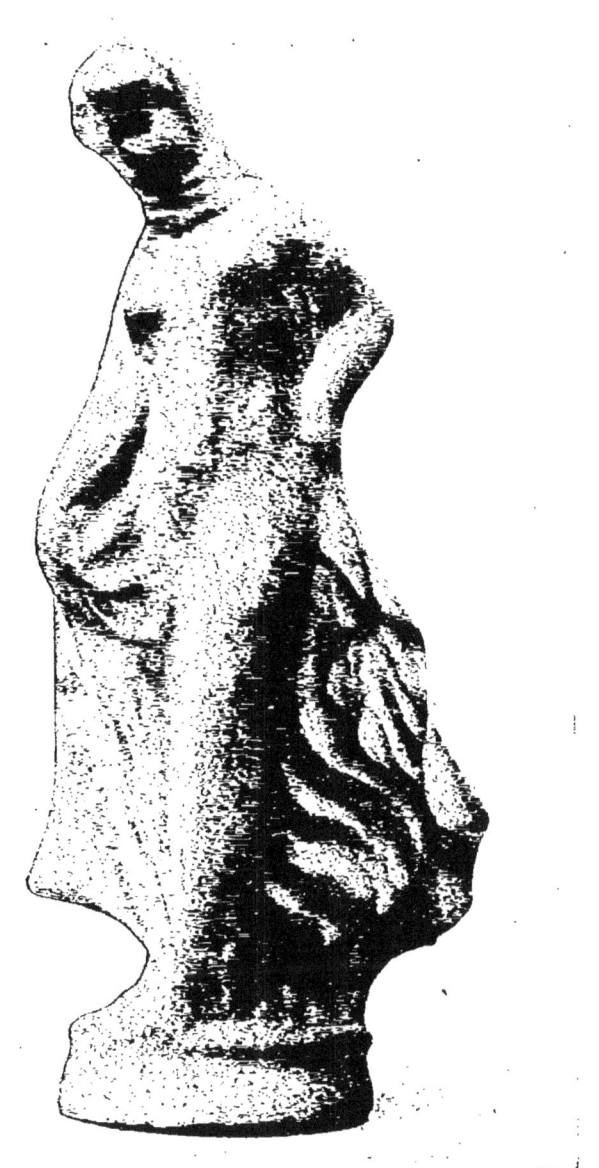

Fig. 46. — *Fausse statuette de Tanagra* (elle est en plâtre platiné)

les dessins, au contraire. Cette loi est commune aux œuvres de la plastique. Mais, plus spécialement en ce qui concerne les dessins et croquis de peintres, considérés par eux comme des matériaux d'atelier, essentiellement propres au tableau, à l'œuvre réalisée, ainsi qu'en font foi tant de « cartons », de fragments de cartons, de dessins mis au carreau, d'ébauches et crayonnages (plusieurs sur la même feuille) recevant les honneurs du cadre, abusivement, à l'insu souvent du peintre, dont les essais, les recherches, ne sont point, en principe, destinés à être présentés comme le tableau lui-même.

Méfions-nous donc du dessin de peintre signé, et admettons cela plutôt du dessin de l'illustrateur, dont, d'ailleurs, la formule plus hâtive est aussi d'intention plus définitive.

Nous reviendrons sur la valeur de la signature, lorsque nous parlerons notamment de la peinture et de la sculpture. Autres observations relatives aux dessins de peintres anciens (car l'illustration est de conception moderne). On admet que les dessins anciens soient encadrés, plus logiquement que les dessins modernes, en raison de leur caractère de reliques ; toutefois les maîtres de jadis signaient moins volontiers leurs œuvres (leurs dessins surtout) que ceux d'aujourd'hui. *Nota bene :* les cartons où l'on renferme les vieux dessins, ne mesurent point leur sincérité aux couches de poussière plus ou moins épaisses qui les recouvrent.

Le dessin à la mine de plomb est plutôt d'expres-

Fig. 47. — *Fausse clé de voûte romane* (pierre vieillie et sculptée de nos jours).

sion moderne. Le dessin relevé de sépia [1] est plutôt

---

1. M. Lippmann a communiqué récemment, à l'Académie des Sciences, un moyen très simple de faire revivre la retouche à la sépia, que les anciens maîtres avaient eux-mêmes indiquée sur leurs dessins. La sépia laisse, paraît-il, une faible trace — invisible à l'œil nu — constituée par une sorte d'enduit gommeux qui aurait la propriété d'impressionner les plaques photographiques. L'épreuve, sur des dessins de Raphaël, notamment, serait convaincante et, grâce au même moyen photographique, M. Parenty, ingénieur en chef des manufactures de l'Etat, est, dit-on, parvenu à identifier la *Décollation de saint Jean-Baptiste*, du musée de Lille, attribuée à Rubens. Cette fois, on aurait retrouvé la signature du maître, devenue imperceptible, sur un tableau.

de mode ancienne. Les teintes appliquées à l'aquarelle sont d'une facture moins libre dans le passé qu'aujourd'hui.

Au résumé, le dessin ancien se paye d'abord selon sa qualité artistique, intrinsèque, ensuite d'après son style ou son école, et les styles et les écoles sont remarquables à une facture spéciale, à un parfum caractéristique. S'attacher, pour plus de sûreté, à reconnaître une école, un style, plutôt que la manière propre à tel artiste.

Quant aux dessins modernes, ils tentent encore davantage l'habileté des faussaires, malgré qu'ils soient d'un placement moins avantageux. Il est vrai qu'ils sont plus aisés à faire, tant la facture moderne, synthétique, est expéditive, du moins chez les dessinateurs de journaux. Il suffit souvent d'attraper le « truc » d'un tel, son « chic », et les contrefacteurs n'y manquent pas.

Cependant, malgré que l'on ait pillé affreusement Adolphe Willette, par exemple, dont les dessins avant d'être traités à la plume, sont souvent esquissés au crayon bleu — le bleu du crayon persistant sous la plume, ou même le dessin étant tout bleu, sans encre — on n'a pu imiter le charme savant du maître. On a eu beau calquer, retourner ses compositions (*fig.* 20) pour les démarquer, on n'a guère réussi que pour les profanes. J.-L. Forain, lui, du moins depuis plusieurs années, use d'un papier filigrané à son nom. Toutefois, que de faux Forain (si aisé à falsifier en apparence), sont aussi dans le commerce, en compagnie de tant d'autres Daumier, Gavarni et H. Pille !

Fig. 48. — *Sculpture sur bois* (copie ancienne sur bois vieilli à l'acide, passé au brou de noix et encaustiqué).

Lorsqu'il s'agit d'artistes vivants, naturellement, l'œuvre douteuse est démasquée par les auteurs eux-mêmes, écueil dangereux pour les faussaires ; mais, lorsque le peintre n'est plus, la sanction échappe totalement, comme l'identification absolue. Il est vrai que si l'œuvre apparaît belle au « client », elle a une certaine beauté et, si le commerce frauduleux a fait le plus souvent du tort aux artistes, on peut citer au moins un cas amusant du contraire, tant il y a des faussaires émérites. Mais c'est qu'il est très bon cet « Henner »! aurait dit, un jour, le célèbre peintre, consulté sur l'authenticité d'une œuvre qui lui était faussement attribuée et, en manière de plaisanterie, autant que pour reconnaître les talents de son plagiaire, il signa le petit tableau.

Comment voulez-vous, d'autre part, qu'un artiste ne doute pas lui-même de certaines de ses œuvres anciennes ! Il y en a tant qui seraient disposés à renier des « péchés de jeunesse »!

Mais les dessins des artistes vivants répétons-le, ne sont guère de vente, surtout les classiques, car les autres, les excentriques, ont naturellement la faveur des snobs. Ils sont si faciles, d'ailleurs, à imiter, ces informes graphiques, que l'art est bien vengé. Qu'importe, au surplus, d'être volé, en pareil cas. Plus le « dessin » est mauvais, plus il a de chance d'être vrai.

En revanche, allez donc imiter un Ingres ! Comment égaler son esprit, sa pureté matérielle même ! On se trompera peut-être sur l'attribution exacte, mais l'école est évidente.

Tout à l'heure il s'agissait d'attraper un « truc »,

un « chic »; maintenant il faut tâcher d'égaler une science, un rendu non plus à la portée d'un tour de main. Les œuvres techniquement admirables, se défendent fatalement mieux que les improvisations, et l'authenticité est solidaire, premièrement, de cette technique qui est la marque de fabrique la plus caractéristique.

Mais il y a le décalque ou la copie fidèle exécutée par un consciencieux artiste, mais il y a le pastiche extraordinaire de la manière d'un maître, émanant de quelques savants ouvriers, et les artistes qui succombent dans la coulisse avec un talent ignoré,

Fig. 49. — *Vierge et enfant Jésus* (bois ancien, sculpture moderne).
Le bois a été peint, nettoyé à la potasse, puis repeint sur du plâtre écaillé. Il y a des adhérences de couleurs et d'or chimique.

malchanceux, sont nombreux. Les marchands, eux, ne les ignorent pas, et, en cela, ils donnent une rude leçon de clairvoyance à leurs dupes, ou mieux à ceux de leurs clients ignorants qui n'estiment la beauté qu'au taux de l'artiste coté, en vogue.

Comment l'avenir se débrouillera-t-il en présence de tous ces sous-Un Tel, vis-à-vis de la signature du chef de file aveuglément « chipé » ! Aussi bien l'on se demande, devant ces pastiches (*fig.* 22), s'ils ne dépassent pas parfois le modèle inspirateur. Combien de Watteau illusionnèrent au xviiie siècle, sous le pinceau fallacieux de Dietrich, peintre de l'Électeur de Saxe! Jordaens, Van Dyck ne travaillèrent-il pas, fréquemment, aux tableaux de leur maître Rubens? Une anecdote, à ce propos : un excellent élève de W. Bouguereau exécuta une copie d'après le portrait de l'auteur des *Funérailles de sainte Cécile* par lui-même, copie destinée à figurer au palais des Offices de Florence. Nous assistâmes à la présentation des deux toiles (original et copie), et la copie était tellement parfaite, que W. Bouguereau ne discerna pas son œuvre propre de l'autre.

C'est l'écueil de la facture, parfois exclusive, à laquelle aucune école n'échappa, et, de la valeur seule du chef de file dépend la qualité de ses apôtres. Les nombreuses écoles italiennes de la Renaissance l'attestent et, plus près de nous, les David, les Ingres, ont inspiré une légion de très forts adeptes. A côté, encore, des factures similaires de Prud'hon et de

LES FAUX DESSINS 113

Henner par exemple, il y a le sujet analogue traité

Fig. 30. — *Commode Louis XVI authentique, dont les cuivres sont de style Louis XIV (poignées) et les entrées de serrure Louis XV.*

par Th. Ribot (*fig.* 23), après Ribera (*fig.* 24) dans une manière singulièrement pareille, et J. Cavé (*fig.* 25) ne se défend pas d'une ressemblance étonnante avec son maître W. Bouguereau (*fig.* 26). Sans compter que Georges Scott, dans ses pages militaires, rappelle son maître E. Detaille avec une fidélité troublante, et l'on en pourrait dire souvent autant de M-A. Zwiller vis-à-vis de Henner. Voyez donc l'exquise monotonie des petits-maîtres du xviiie siècle ! Et ce sont ces praticiens distingués, existant à toutes époques, qui troublent l'expert, quant à la précision du chef de file. Précision surtout nécessaire au prix de vente, en dehors de l'art.

Bref, combien d'artistes « forts en thème », sans génie certes, mais connaissant à fond leur métier, s'employèrent sciemment et quelquefois aussi, sans le savoir, à des contrefaçons ! Que de tableaux, admirés dans des musées, on leur doit, à ces sacrifiés ! Et combien ils se vengent !

Ah ! si l'on savait que le Rembrandt, que le Courbet dont on s'enorgueillit, sort, tout simplement, de si obscures mains, quel désenchantement !

Que de grands peintres, encore, à toutes époques — et cela est particulièrement déroutant — exécutèrent des copies d'après des maîtres anciens, dans le seul but de s'instruire ou de gagner, initialement, leur vie ! Songez aux élèves de la villa Médicis, obligés par le règlement, à copier — depuis l'année 1801 — un ou plusieurs chefs-d'œuvre de l'école italienne !

Nul doute, ces copies sont parfaites et, quand la patine des temps aura fait son œuvre (et elle a déjà eu le temps de la parfaire), on se doute des erreurs commises ou à commettre.

La conviction établie sur la seule Beauté, en

Fig. 51. — *Cadre en bois sculpté fait de morceaux anciens et neufs.*

dehors du snobisme — nous ne nous lasserons pas de le répéter — n'a jamais été déçue qu'en raison directe de la somme de goût que l'on a, consolons-nous donc, ainsi, rationnellement.

Mais nous continuerons ce chapitre à la peinture et, nous passerons du dessin à l'estampe.

Du côté de l'estampe, nous retrouvons la fraude du papier. On tire des gravures, des lithographies, sur des papiers du temps ou modernes, maquillés, vieillis; ces derniers, facilement trahis par un coup de gomme ou d'éponge humide. Il faut mettre maintenant le public en garde contre certaines gravures à l'eau-forte et au burin, qui ne sont que des contrefaçons dues au procédé de l'héliogravure.

A l'aide du procédé machinal de l'héliogravure, on a vulgarisé les tirages de la gravure, dont l'un des mérites, et non le moindre, est la rareté.

Il s'ensuit de cette fraude, qu'une héliogravure vendue pour une gravure d'artiste, n'a point de valeur. Une autre dépréciation de la gravure est son absence de marge, ou même la rognure de cette marge. Même observation, d'ailleurs, pour une tapisserie sans bordure.

En dehors de l'héliogravure, on vulgarise aussi, fâcheusement pour sa rareté, la gravure en taille-douce, au moyen de l'aciérage de la planche de cuivre, opération qui donne à ce dernier métal une résistance supérieure, propre à des tirages plus nombreux que sur le cuivre même. La galvanoplastie, enfin, offre la ressource du *galvano* permettant des tirages illimités.

Or, si l'amateur y perd à cette diffusion, le commerce de l'estampe y gagne, mais nous ne nous occupons point ici des besoins du commerce.

Fig. 52. — *Véritable buffet Renaissance.*

Comment reconnaître la qualité restreinte d'un tirage ? Aucune marque distinctive sur l'estampe, si celle-ci est issue de l'aciérage et du galvano. L'examen de la planche seul, dévoile le mode de tirage. Planche couleur de cuivre ou d'acier : aciérage, plaque couleur de cuivre dont les reliefs transparaissent au dos et qu'il faut poncer : galvano.

Au reste, ces distinctions de planches importent peu, et la beauté de l'épreuve est tout.

En revanche, une épreuve reproduite au moyen de l'héliogravure se trahit de suite. Les saillies de la taille, très sensibles au toucher sur la surface d'une épreuve de gravure en taille-douce, manquent. Les retouches au burin, si fréquentes en héliogravure, sont visibles; elles sont lourdes, sensibles au toucher et d'un noir différent de l'ensemble, qui est plutôt lisse.

Autres embûches, celles-ci relatives au dessin : les reproductions du trait, en photogravure, qui ne doivent pas être confondues avec le trait original à la plume (*fig.* 27), ce trait, qui peut aussi bien jouer à la sanguine s'il est tiré en marron rougeâtre et au crayon bleu s'il est imprimé en bleu. Exerçons-nous aussi à distinguer un croquis original de sa reproduction lithographique. A cet effet, examinons à la loupe l'écrasement du grain du papier, à l'entour du dessin, ou bien cherchons la trace du cliché qui aura marqué le papier; du papier couché s'il s'agit d'une photogravure.

La douceur du trait, encore, sa couleur moins brillante que celle donnée par l'huile grasse, pourront nous éclairer.

Fig. 53. — *Truquage du meuble précédent.*

Pour en revenir au tirage restreint dont certains

amateurs sont si friands, il est, ainsi que nous venons de le voir, délicat à contrôler, grâce à la facilité de dépasser le chiffre du tirage annoncé, lorsque la planche n'a pas été effacée ou détruite, après un nombre fixé d'épreuves, conformément aux conventions. Cependant le cercle de la Librairie, à Paris, certifie officiellement, de nos jours, certains tirages, grâce à un numérotage au timbre sec. On procède pareillement en Angleterre.

Il n'y a en somme que la gravure dite à la « pointe sèche », sur laquelle on se rend compte, visiblement, de la parcimonie ou de la diffusion du tirage grâce aux *barbes*. Les barbes sont des bavures résultant de l'arrachement du métal sous le trait incisé du burin ; elles donnent de beaux noirs sur l'épreuve et, s'effaçant au fur et à mesure de l'usure, leur présence nécessairement, témoigne des premières épreuves.

Parlons maintenant du truquage des *états*, si déroutant, d'autre part, pour les amateurs.

Les *états* renouvellent leur rareté : tantôt à l'aide d'un prestigieux monogramme ou bien d'une date rajoutée au moyen d'une opération de gravure supplémentaire, voire même avec un trait de plume.

Rien de plus facile, au surplus, de faire une gravure *avant la lettre* d'une gravure usée, presque, par le tirage, en bouchant avec du mastic ou du blanc d'Espagne le creux des lettres du titre.

Allez donc, après l'ensemble de ces révélations, vous fier à la netteté des tailles, sur une épreuve vérifiée à la loupe, pour affirmer, suivant le degré de cette netteté, l'importance du tirage!

Il n'empêche que le commerce frauduleux vend à

Fig. 54. — *Véritable console Régence.*
Voir la gravure suivante.

profusion des gravures en couleurs, fort à la mode actuellement (*fig.* 29), qui ne sont que de vulgaires héliogravures enluminées, tirées sur des papiers salis, vieillis.

Point de finesse, empâtement des tailles, monotonie, telles sont les tares générales de ces contrefaçons de Debucourt et autres délicats peintres-graveurs de la fin du xviii$^e$ siècle et du début du xix$^e$.

Du côté de la gravure sur bois, pareille mystification, d'autant plus aisée, d'ailleurs, que le retour de quelques graveurs à la gaucherie primitive y prête singulièrement. Imprimez sur un parchemin soigneusement altéré, genre ancien, certains bois taillés au canif, de notre connaissance, et vous serez parfaitement illusionné. Aucun doute, pourvu qu'il n'y ait point d'anachronisme dans le dessin, vous êtes en présence d'un feuillet de manuscrit ancien ! De là à l'enluminure, il n'y a qu'un pas et, n'était l'économie de l'or, sensible fatalement dans l'artifice, vous n'y verriez que du feu…

Les Allemands excellent dans la reproduction frauduleuse des vieux manuscrits, au dos de cuir vénérable, aux feuillets rongés d'une lèpre impressionnante — ces feuillets que coupent des signets ponctués de volumineux cachets de cire…

Bref, pour en revenir essentiellement à notre sujet, et particulièrement à l'estampe, il importe, lorsque l'on fait acquisition d'une pièce rare, de la comparer au préalable avec une autre semblable, si possible. Les musées, presque toujours, permettent cette consultation. Examiner à la loupe, sur les deux épreuves, l'exécution d'un détail et, si ce détail diffère de l'une à l'autre épreuve, c'est que l'une ou l'autre des deux épreuves est contrefaite.

Mais laquelle? Plus vraisemblablement celle que l'on désire vous vendre. De même, surveillez soigneu-

FIG. 55. — *Console truquée.*
Ici, les pieds de la précédente console supportent une tablette rapportée. Dans un autre cas, en conservant la tablette du meuble précédent, on rapportera des pieds; d'où deux meubles avec un seul.

sement la reproduction des moindres accessoires dans les deux pièces. L'omission d'une pierre, un faux trait, et la preuve est faite. Il y a, au surplus, des renseignements d'origine, très édifiants, que l'on ne devra jamais dédaigner pour découvrir la vérité. A côté des « vieilles familles » improvisées qui trompent sur l'authenticité, il y a de véritables vieilles familles, gardiennes de beautés véritables à elles transmises à travers des générations certaines.

Attention encore, non seulement à l'orthographe des inscriptions de la planche, mais à leur subtilité typographique.

M. Alvin-Beaumont, possesseur d'un *Martyre de saint Sébastien*, tableau qu'il découvrit et attribue à Jacques Callot (*fig.* 30), a démontré récemment, avec succès, que l'œuvre portant le même titre et imposée depuis cent cinquante ans à l'admiration publique, au musée du Louvre, comme étant de Callot, n'est qu'un vulgaire truquage fait au moyen du calque inversé d'une estampe du maître (*fig.* 31 et 32). M. A.-Beaumont, innovateur d'une sorte d'anthropométrie reposant sur les rapports réciproques de mise en place des personnages et des objets qui les entourent (c'est avec sa méthode que le peintre en question prouva l'authenticité de l'enseigne de Gersaint, par Watteau, propriété de l'empereur d'Allemagne), remarqua que la gravure et la soi-disant peinture originale, d'égale dimension, se repéraient identiquement. Et, la preuve que le calque colorié du Louvre représentait la gravure à l'envers, c'est que si dans l'estampe les soldats portaient l'épée à gauche comme il sied et comme certainement Callot, esprit méticuleux, la plaça,

cette épée était au contraire à droite, dans la gravure.
Partant de cette même logique d'observation,

Fig. 56. — *Véritable console Louis XV.*
Voir à la gravure suivante ses transformations avantageuses.

M. A.-Beaumont prétend judicieusement que le *Concert* de Watteau, où deux musiciens sur trois sont *gauchers*, est également faux. Ce pseudo-Watteau aurait été fabriqué tout simplement à l'aide de plusieurs estampes du temps, représentant des musiciens, procédé cher notamment à Wleughels (ancien directeur de l'école de Rome), ami de Watteau, qui excellait à ces sortes d' « arlequins ». Pareillement, l'*Escorte d'Équipages* serait un faux, toujours d'après M. Beaumont, ce tableau ayant été gravé par Laurent Cars, dans le sens du dessin (que Watteau exécutait toujours avant ses tableaux), sans le secours du miroir qui renverse l'image, d'où l'estampe inversée, ainsi que le prouve grossièrement l'officier représenté avec une épée à droite! Il arriva qu'un peintre quelconque, peut-être Wleughels, copia la gravure de Laurent Cars, dans le sens contraire du dessin et du tableau véritable qui, celui-là, a disparu.

Gare, donc, aux inversions, aux transpositions, aux adjonctions et autres défaillances si profitables à l'œil averti !

Une lettre qui se dérobe devant la stricte observation de l'original, trahit la fraude et, parfois même, voudrait la faire absoudre, en cas de contestation postérieure. C'est ainsi, par exemple, que *inve* (invenit) et *fec* (fecit), après la signature de l'artiste, ne signifient pas la même chose, vis-à-vis de l'acheteur, et, pareillement, l'altération du nom de l'artiste. N'oubliez pas que vous êtes censé vous y connaître et que le marchand est un « petit saint ».

Voici pourquoi vous n'accepterez que sous bénéfice d'inventaire une lithographie de Raffet, avec *remarque*, la précieuse remarque semblant annoncer un tout premier tirage, alors qu'il s'agit simplement d'un retirage sur la vraie pierre peut-être, mais avec

Fig. 57. — *Truquage de la console précédente.*
Avec elle on a fait une table d'un prix plus élevé.

une remarque rajoutée, à moins encore que la lithographie en question ne soit qu'une habile copie. Voilà pourquoi vous ne vous extasierez qu'avec circonspection sur ces intarissables estampes japonaises, qui n'ont souvent de japonais qu'un papier fabriqué... au Marais.

Nous pourrions parler même, en notre fin de chapitre, de la fraude exercée, par certains marchands, sur leurs propres estampilles de garantie vis-à-vis de l'auteur, mais nous n'en avons pas la preuve; la langue nous démange cependant, de conter des histoires divertissantes sur quelques éditeurs d'estampes (et de bronzes d'art), qui n'auraient point hésité à se faire à eux-mêmes, un procès en contrefaçon, sur la réquisition de leurs dupes. L'homme de paille payait l'amende fixée par le tribunal, mais bast! qu'était l'amende à côté du bénéfice réalisé entre la vente des épreuves de l'œuvre et la réclamation!

On nous a cité un ciseleur dont la tâche consiste à effacer sur le bronze le numérotage et les traces de l'estampage des épreuves d'après Barye, afin que les statuettes d'après le maître soient prises pour des bronzes originaux.

Que valent les meilleurs contrôles après cela! Qui empêche un intermédiaire malhonnête de dénaturer le chiffre d'un tirage, si officiel soit-il? Et combien l'on a raison de se contenter d'admirer, tout simplement, ce que l'on a acheté d'enthousiasme, pour sa propre satisfaction!

Nous terminerons, en clouant au pilori, à côté du marchand déloyal, l'amateur coupable. L'exemple de l'imposture parallèle nous est offert par plusieurs (hélas!) de ces amateurs qui poussèrent le vice jusqu'à faire copier les chefs-d'œuvre de leurs galeries, qu'ils vendirent pour les originaux, faussement authentifiés d'ailleurs, par des gravures au burin. Cela ajoute encore au doute qui plane sur l'authenticité de quelques belles pièces, et cette mauvaise action ne nous a guère été révélée que par des ventes de collectionneurs réputés [1], dans lesquelles figuraient des chefs-d'œuvre cette fois incontestables.

Et les collectionneurs de faire chorus avec leurs dupes, pour crier au voleur! On avait pillé leur galerie!

Or, il est bon de savoir que certains collectionneurs cachent souvent leur trésor comme des avares, tandis que d'autres, au contraire, en font volontiers — sinon avec affectation — les honneurs. On avouera, que les premiers ont l'avantage du mystère sur les seconds, et le mystère est déjà propice à bien des suppositions...

---

[1]. Il en est des galeries réputées comme des pontifes infaillibles, et cependant elles n'échappent pas à l'erreur ; même, les galeries célèbres (et les grandes ventes qui en découlent) servent parfois à donner de la valeur marchande à de mauvaises œuvres glissées à dessein parmi les bonnes. Il serait, injuste, aussi, de prétendre que, lorsqu'on découvre chez un brocanteur un tableau de maître dont un collectionneur possède le double, le tableau du brocanteur est fatalement la copie de celui du collectionneur. Il y a de nombreuses preuves du contraire.

## CHAPITRE VI

### Les faux tableaux

La fraude en art a ceci de caractéristique, qu'elle est de qualité supérieure; du moins lorsqu'elle mérite de tromper les réels connaisseurs. En peinture, comme en dessin et en gravure, les méfaits des copistes et pasticheurs sont d'autant plus déroutants qu'ils ne peuvent être trahis par l'économie de la matière. Un beau meuble est toujours coûteux à falsifier, tandis qu'un tableau, si beau soit-il, n'est pas d'exécution onéreuse. Le génie qu'on lui prête, à défaut de celui dont il témoigne, suffit à sa valeur.

D'où, à la faveur de cette économie et de cette appréciation idéale, une éclosion avantageuse de pinceaux fallacieux. Depuis le copiste jusqu'au « créateur », en passant par le restaurateur-truqueur, jusqu'au maquilleur.

Car il ne suffit pas seulement de tromper sur la manière de l'artiste, il faut illusionner aussi sur la patine et la détérioration des siècles. L'uniformité des œuvres d'une même école, que nous dénonçâmes précédemment, si fertile en erreurs sur la désignation exacte du chef d'école, vient favorablement servir encore la cause des fraudeurs : ces derniers ayant tout bénéfice, naturellement, à attribuer indifféremment les œuvres d'une même école, d'expression similaire, à son chef, qui seul est coté.

Mais dressons l'oreille à ce mot coté[1]. Ce nouveau

1. « On dit constamment, dans le monde des arts, écrit M. Manuel dans le *Journal*, que les marchands sont les plus funestes agents de la décadence du goût contemporain. On les accuse à haute voix de créer artificiellement, pour les besoins de leur commerce, ces engouements que rien ne justifie en faveur de tels talents notoirement incomplets, comme ceux de Cézanne, de Van Gogh, de Gauguin et de tous ces ratés dont l'inspiration très souvent heureuse, le plus souvent vacille et titube. A grands coups de tam-tam, dit-on, les marchands provoquent la hausse des signatures. Les critiques d'art les y aident, les uns par désir d'*époustoufler* le bourgeois, d'autres par jobardise et par *esprit de suite*, le reste enfin... vous savez pourquoi. Quant aux amateurs, ils se laissent faire. A force d'entendre dire que les Cézanne les Van Gogh, les Gauguin, se sont vendus des vingtaines de mille francs et que ce sont des valeurs qui montent, ils en achètent. Non pas qu'ils trouvent cela beau. Ils ne regardent pas leurs emplettes. Ils les rangent dans des placards qu'ils ferment à clé. Mais ils ont confiance dans l'astuce des marchands pour faire hausser la cote de ces tableaux, et ils comptent réaliser des bénéfices en les revendant bientôt après. Aussi marchands et amateurs ne font plus que du commerce et des coups de bourse. L'art, le goût, le plaisir d'admirer de belles choses... vieilles balançoires ! Malheureusement pour les amateurs, il peut arriver que les valeurs si vantées dégringolent subitement. Alors ils maudissent les marchands et poussent de furieuses lamentations. Mais, vraiment, sont-ils à plaindre ? Le spirituel maître G. me disait à ce propos : « A-t-on pitié des

facteur intervient singulièrement, nous le savons, dans la valeur d'une œuvre ; la cote, même, décrète cette valeur, montante ou descendante, au gré de la mode et du caprice ! Voici le « coup de feu » des

gogos à qui un aigrefin a vendu des actions des mines de Sainte-Carotte ? Non, n'est-ce pas, parce qu'ils n'avaient qu'à vérifier par eux-mêmes la valeur de ces titres. Pourquoi ces amateurs ne cherchent-ils pas à discerner par eux-mêmes la valeur réelle des Cézanne, des Van Gogh et des Gauguin ? » Un mot résume la situation des artistes contemporains vis-à-vis des marchands de tableaux. Il a été dit par un de ceux-ci, M. B., en présence de plusieurs témoins qui se trouvaient dans sa boutique : « *A du talent qui nous voulons !* » ( *Le Cri de Paris.*) Rien à reprendre à l'exactitude de cette note que cette autre corrobore : « ... Je disais, écrit encore M. Manuel dans le *Journal*, à propos des prix énormes obtenus en vente publique par des peintres impressionnistes, que adjugé et vendu étaient loin d'être synonymes, et il serait instructif, en dépouillant les ventes de ces dernières années, de voir quelles ont été les adjudications réelles. On verrait alors que la plupart de ces toiles, qui ont semblé être vendues à des prix sensationnels, ont, en réalité été reprises par les vendeurs ou rachetées par les éditeurs dont l'intérêt à surfaire les prix est évident. Car, ce que beaucoup ne savent pas, c'est que ces peintres ont cédé à un éditeur marchand de tableaux leur production pour un nombre d'années variable, à un prix fixé d'avance, et que tel artiste, dont les œuvres sont cotées 3 ou 4.000 francs, les vend 3 ou 400 francs à son éditeur. Quelle exploitation ! direz-vous. Non pas, car, sans le bluff, les prix d'adjudication et autres manœuvres, l'artiste ne pourrait peut-être pas trouver 100 francs de ses élucubrations. » Ce qui est vrai, hélas ! pour certaine peinture moderne que l'escadron burlesque des cubistes et autres orphistes et futuristes, est venu, de nos jours, renforcer, ne l'est pas moins en ce qui concerne la peinture ancienne, avec cette grande différence, toutefois, que la peinture ancienne peut se discuter dans le recul des années sur des bases évidentes de beauté, cette beauté étant seulement plus ou moins exaltée, suivant la mode ou le gré des marchands.

8

plagiaires et de leurs vendeurs! Il importe de fournir n'est-ce pas? au gré des besoins de la cause.

Après tout, puisque la question esthétique est sacrifiée à l'engouement écervelé, la sottise des « amateurs » est convenablement servie.

Pour nous en tenir à notre programme, l'engouement auquel nous faisons allusion, est borné à la seule antiquité, ou, du moins, aux seuls artistes décédés (Rembrandt connaissait bien son public, lorsque, pour donner de la valeur à ses œuvres, il faisait courir le bruit de sa mort!). Malgré que toutes les raretés et surtout la rare incohérence séduisent, tour à tour, nos snobs.

Bref, les Rembrandt, les Van Dyck, les Constable, les Millet, les Courbet (*fig.* 34), les Corot, font prime sur le marché. Ne nous parlez pas de Raphaël, en ce moment, je vous prie, il n'a pas la faveur, et, comme par enchantement, on découvre des quantités décevantes de Rembrandt (*fig.* 33), de Van Dyck, etc.

L'école du xviiie siècle est tantôt exclusivement admirée, tantôt ce sont les primitifs, et les marchands mènent le train. Le tableau est une valeur en banque, le souci de sa beauté est secondaire, souvent même insignifiant. On « truste » des tableaux comme tous autres produits, et en avant la fraude pour répondre à la disette!

Jamais, certainement, les maîtres « en banque » n'auraient eu le temps matériel de peindre si abondamment, mais la crédulité s'exaspère au désir, et les faussaires ainsi que leurs intermédiaires, font des affaires d'or.

De temps en temps l'Amérique, cette inépuisable

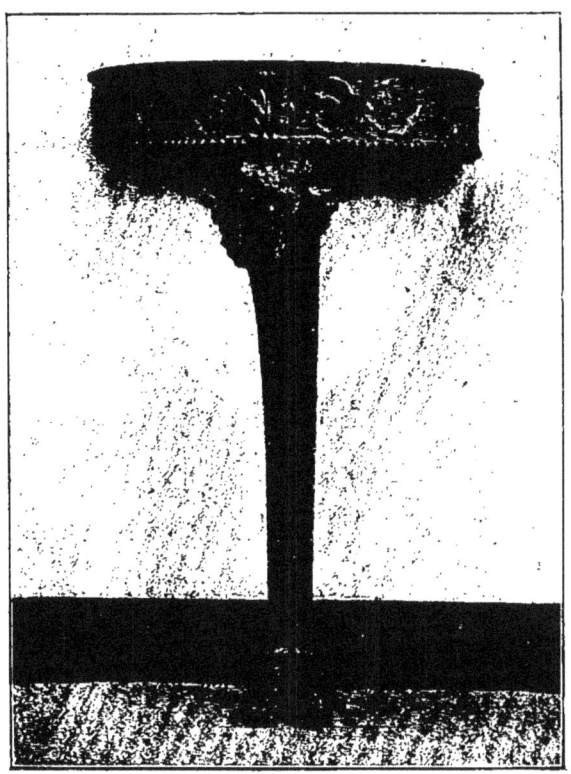

Fig. 58. — *Véritable console Louis XVI.*
Voir à la gravure suivante sa transformation avantageuse.

pourvoyeuse, vient en aide au surmenage de l'artifice, en authentiquant singulièrement des faux tableaux exécutés en France et qu'elle a la perspicacité de nous retourner au moment propice...

La machination d'origine, en un mot, est parfaite et, la perfection du truquage n'est pas moins accomplie.

Dévoilons maintenant ce truquage. Tout d'abord examinons les peintures que nous devons « vieillir ». Celles qui se réclament de l'art archaïque auront l'aspect gauche qui sied à l'acceptation conventionnelle ; une mauvaise composition, un dessin défectueux, un coloris simple et brutal. L'art archaïque est facile à simuler avec ses rehauts d'or qui avantagent des indigences. Les snobs l'adorent pour cela. Et, lorsque notre art archaïque aura reçu le baptême du maquillage, il deviendra une relique.

Les peintures genre primitif, elles, réclament plus de soin. Leur naïveté (qui n'est plus de la gaucherie) exige davantage de savoir. Il faut des peintres minutieux et caressants, doués d'une palette fraîche. A partir, d'ailleurs, de cette expression, où l'or ne suffit pas à la richesse des fonds, la facture a des exigences qui s'accentuent avec la pleine pâte puissante du xvii$^e$ siècle et la demi-pâte savoureuse du xviii$^e$.

A l'œuvre maintenant, maquillons ! Les vieilles lames de parquet, les planches et panneaux pourris sont réquisitionnés pour les peintures primitives, tandis que l'archaïsme se contente des enduits de ciment, des carreaux de terre et autres supports rudimentaires.

On improvise, dans ce dernier genre, des débris de fresques soigneusement bordés de bois neuf ; les parties soi-disant manquantes, sont remplies avec du ciment ou du plâtre frais aux retouches visibles. En frottant çà et là des poudres d'or ou, mieux, de l'or en feuille, on accroche des brillants flatteurs qui laissent ingénieusement supposer que, *primitivement*, la fresque était dorée...

Passons maintenant des gris sales, au pinceau, saupoudrons de poussière véritable et, armés d'une brosse drue, faisons adhérer le tout. L'humidité d'une cave, au surplus, amènera des réactions imprévues, de la couleur et du support, qu'il ne restera plus qu'à concilier, et le soleil achèvera le truquage, en séchant des moisissures, en ouvrant des crevasses légères, en soulevant des écailles et autres vraisemblances...

Fig. 59. — *Truquage de la console précédente.*
Avec elle, on a fait un trépied d'un prix plus élevé.

8*

Retenir ce procédé pour tant de « vieillissures » analogues.

Admettons ensuite, que des lames de parquet, assemblées, chevillées ou clouées avec des vieux clous rouillés, servent de soutien à quelque primitif. A vrai dire, le support est impressionnant de vérité, avec ses étiquettes effacées faisant habilement mystère d'une origine lointaine, et laissant aussi supposer des soucis de générations de collectionneurs. D'autre part, ce support est sincèrement vermoulu, suffisamment pour que des réparations *visibles* ajoutent à son authenticité.

Une madone y figure. Elle est d'une fraîcheur excessive, naturellement, puisque peinte récemment, mais un vernis légèrement teinté de bitume, par exemple, aura tôt fait d'ambrer la pâte claire qui, soumise ensuite à l'action du four, tout comme un pain, offrira des craquelures d'une vérité déroutante.

Si l'on passe enfin, sur la madone, une main légèrement enduite de poussière, si des toiles d'araignée empruntées à quelque grenier voisin sont négligemment accrochées au dos et aux angles du tableau, l'illusion du passé touche à la perfection.

Le tableau est-il peint sur métal, or, cuivre ou argent? Le métal sera plané, bruni, oxydé même, s'il s'agit de cuivre, avec une soigneuse maladresse, et des éclatements de pâte le découvriront adroitement çà et là. (Nous retrouverons ce truquage aux faux émaux.)

Fig. 60. — *Véritable chaise Louis XVI.*
Voir aux gravures suivantes ses transformations.

Le tableau est-il peint sur toile ? Pour éviter le contrôle du châssis et de la toile, les faussaires ont tout prévu. La toile fausse sera « rentoilée », c'est-à-dire que les blessures faites à la pâte, artificiellement, trouveront leur apparente vraisemblance dans cette précieuse réparation, et le châssis pourra être neuf sans éveiller des soupçons, puisqu'il remplaça le châssis d'origine, supposé vermoulu. Au surplus, on fait les châssis anciens avec des vieux bois, tout comme des panneaux et, rien n'est plus facile que de peindre sur une toile réellement vieille, mais abîmée, un sujet intéressant, à la manière d'un vieux maître, ou une copie en place de la précédente image détériorée. On présente ensuite la toile comme un original ou une réplique. Cette opération porte improprement le nom de *marouflage*.

Le procédé du four, non seulement fait écailler favorablement la peinture, mais il donne encore à la pâte, le ton chaud, croustillant, du tableau ancien, qu'il importera ensuite de noyer dans les ténèbres chères au passé.

Pour cela, il suffit d'enduire la surface de la toile d'une sorte de mixture où, du noir de fumée et de la terre de Sienne brûlée, se mêlent légèrement à de l'huile grasse. Après un court séjour de la mixture sur la toile, on essuie doucement pour que des traces sombres s'accrochent savamment aux empâtements.

Les transitions brusques de l'humidité au soleil sont, aussi, favorables aux craquelures de la pâte et,

Fig. 61. — *Truquage de la chaise précédente.*
On a fait avec elle deux chaises « de style », celle-ci et la suivante.
Ici, le siège est neuf et le dossier authentique.

quant à la poussière, elle ponctue toujours à souhait les préparations que nous venons de dire[1].

Le jus de réglisse, le safran, le bistre, ainsi que certain mélange d'essence, de cire blanche et de noir de fumée, patinent aussi, parfaitement, les tableaux fabriqués que certains « usiniers » ne manquent pas encore de moisir, de recouvrir de chiures de mouches, lorsqu'ils ne vont pas jusqu'à accentuer les écailles de la pâte en les soulevant avec une pointe d'acier, et même jusqu'à les faire sauter un peu, juste pour découvrir la trame de la toile.

Mais, en ce dernier cas, il faut que la toile apparaisse ancienne et cela nécessite un rentoilage inverse à celui que nous indiquâmes précédemment ; c'est-à-dire que, cette fois, on collera la toile désagrégée artificiellement, sur une vieille.

Un procédé plus simple consiste à appliquer sur un vieux support, toile ou panneau, une bonne chromolithographie d'après un maître. On use soigneusement le verso de l'image jusqu'à la croûte de couleur et, plusieurs couches de vernis, dont une dernière mêlée de bitume, voire de réglisse ou de bistre, réalisent enfin l'illusion souhaitée.

On peut encore faire deux tableaux avec un seul, les parties manquantes étant complétées, restau-

---

1. Pour réaliser des craquelures artificielles, il suffit encore, lorsque la pâte est bien sèche, de frapper avec un marteau au verso de la toile tenue à plat, sur une plaque de métal placée en dessous.

Fig. 62. — *Second truquage de la chaise de la figure* 60. Ici le siège est authentique et le dossier est neuf.

rées. De la sorte, les deux tableaux ne sont pas absolument faux; leur demi-sincérité contente. D'autres fois même, un *morceau* de vérité, autour duquel on brode, suffit à alléger la conscience du marchand. Il faut alors s'adresser à des peintres qui travaillent dans le style du *morceau;* ceux-là mêmes qui savent à ravir composer à la manière d'un tel et aussi bien ne répugnent pas à copier des groupes sinon à retourner des compositions empruntées à des maîtres.

Bref, avec des *morceaux*, on fait plusieurs tableaux, et cela excuse bien des « Saintes Familles » nées autour d'une tête de madone, à la faveur d'une auréole.

On imite les chiures de mouches en piquant la toile de petits coups de pinceau enduit de brun ou bien en employant le procédé de la bruine et, la moisissure apparaît tout naturellement sur un vernis légèrement mouillé d'eau, moyen moins expéditif, d'ailleurs, que l'exposition dans une cave humide.

Certains éclatements de la pâte, certains arrachements de la toile, — gare aux toiles crevées exprès! — viennent s'ajouter, ingénieusement parfois, au prétexte de la moisissure et même à celui des chiures de mouches : ils masquent une défaillance de copie, c'est là le *chancis*, mot qui ne figure que dans le langage imagé de nos truqueurs.

Aussi bien nous allons maintenant voir entrer en scène la *restauration*, autre fallacieux brevet d'authenticité.

LES FAUX TABLEAUX 145

Fig. 63. — *Véritable fauteuil Louis XV.*
Voir à la gravure suivante son truquage avantageux.

Logiquement, il n'y a que les œuvres abîmées que l'on répare, donc, une toile réparée est une toile authentique ! Et voici que le restaurateur [1] (indigne de ce nom, car il y a des restaurateurs de talent, de loyaux et d'utiles restaurateurs) va reprendre soigneusement certains morceaux du faux tableau, lorsque même, il ne rendra pas « plus de vente », en les retouchant adroitement, certains vrais tableaux dont le sens de la facture correspond à celle d'un maître réputé ou bien en vogue. Ce résultat constitue le tableau *à tournure*.

Des deux côtés, la manœuvre est profitable, on est trompé différemment, voilà tout ; cependant, dans le premier cas, la restauration doit être intelligemment visible, comme pour faire excuser la maladresse d'un artiste inférieur, fatalement, au maître créateur ; maladresse, au surplus, bornée à la stricte nécessité et, dans le second cas, la retouche du restaurateur n'a de mérite qu'en étant invisible.

Reste le cas où la malice de l'amateur, relativement à ce subterfuge, est prévue, sinon provoquée. Alors on assiste à ceci : l'amateur, en essuyant la retouche du restaurateur, découvre l'œuvre soi-disant origi-

---

[1]. Il n'y a pas longtemps que les restaurations d'œuvres appartenant à l'Etat se réclament de ses bons soins exclusifs. Autrefois, MM. les conservateurs ne craignaient pas — et ce fut souvent désastreux — « de réparer (personnellement) des ans l'irréparable outrage ». On dit même que de grands collectionneurs, et parmi eux La Caze dont le musée du Louvre a si généreusement hérité, ne reculèrent pas devant ce sacrilège.

LES FAUX TABLEAUX 147

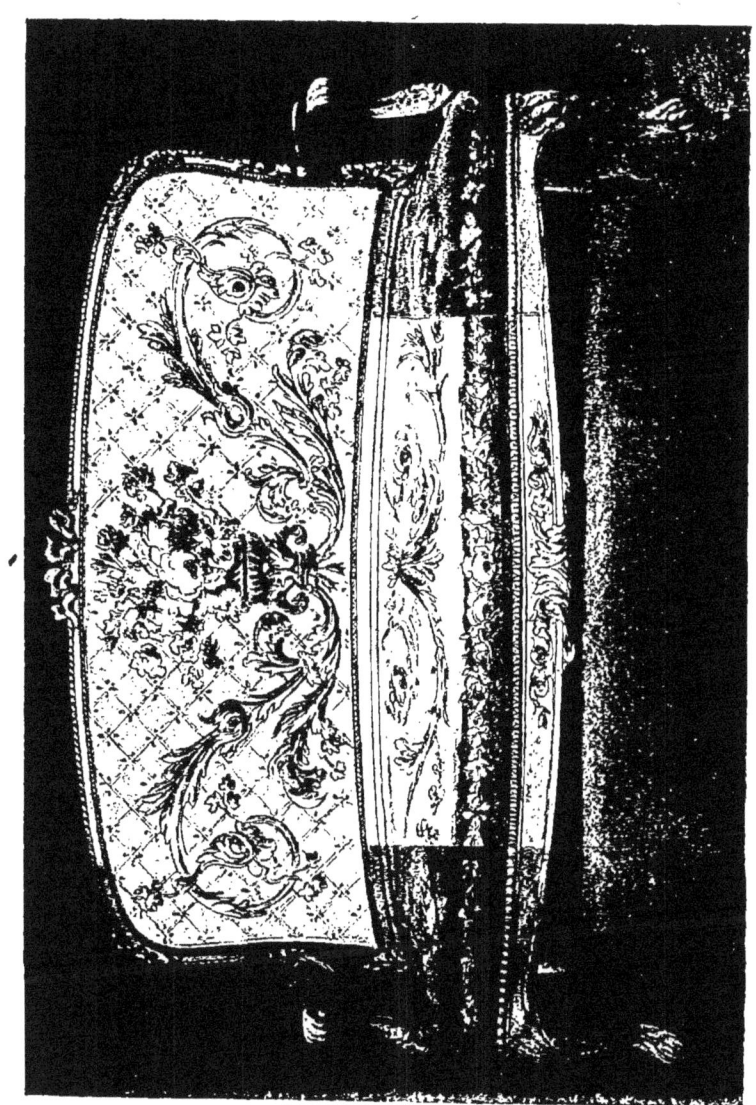

FIG. 64. — *Le fauteuil précédent transformé en canapé.*

nale, la touche du maître..., qui n'est autre qu'une première retouche sèche, celle-là, du restaurateur !

Autant dire qu'il y a des faux tableaux entièrement recouverts d'une peinture sans valeur, laquelle ne résistant pas, exprès, aux subtiles investigations du trop rusé amateur, met au jour une « admirable » peinture aussi fausse que la précédente.

Quelquefois même, c'est une signature, la signature, que l'on découvre sous la pâte ou sous la crasse... et alors, le marchand obtient le prix demandé de l'œuvre contrefaite, d'autant plus facilement que c'est le client qui a fait la preuve, lui-même, de sa véracité.

Si l'on savait la science de ces fabricants de signatures et de monogrammes, on reculerait neuf fois sur dix devant la logique de cette garantie.

Nous avons indiqué déjà les raisons de cette suspicion, qu'un cadre réellement du temps ne saurait, d'autre part, dissiper. Les artistes de la Renaissance signaient rarement leurs œuvres, et l'on peut dire que cet usage se répandit plutôt à partir du XVIIe siècle. Certes, Orcagna a signé avec une fière insolence sa peinture : « Orcagna sculptor » et sa sculpture « Orcagna pictor », mais Fra Angelico, en revanche, en sa modestie divine, se fût offensé de voir son nom au bas de ses chefs-d'œuvre. Aussi bien Michel-Ange ne signa jamais qu'un groupe, celui de la *Virgine della Febbre*, à Saint-Pierre, mais encore parce qu'il avait entendu des étrangers attribuer sa vierge au sculpteur milanais Gobbo.

## LES FAUX TABLEAUX 149

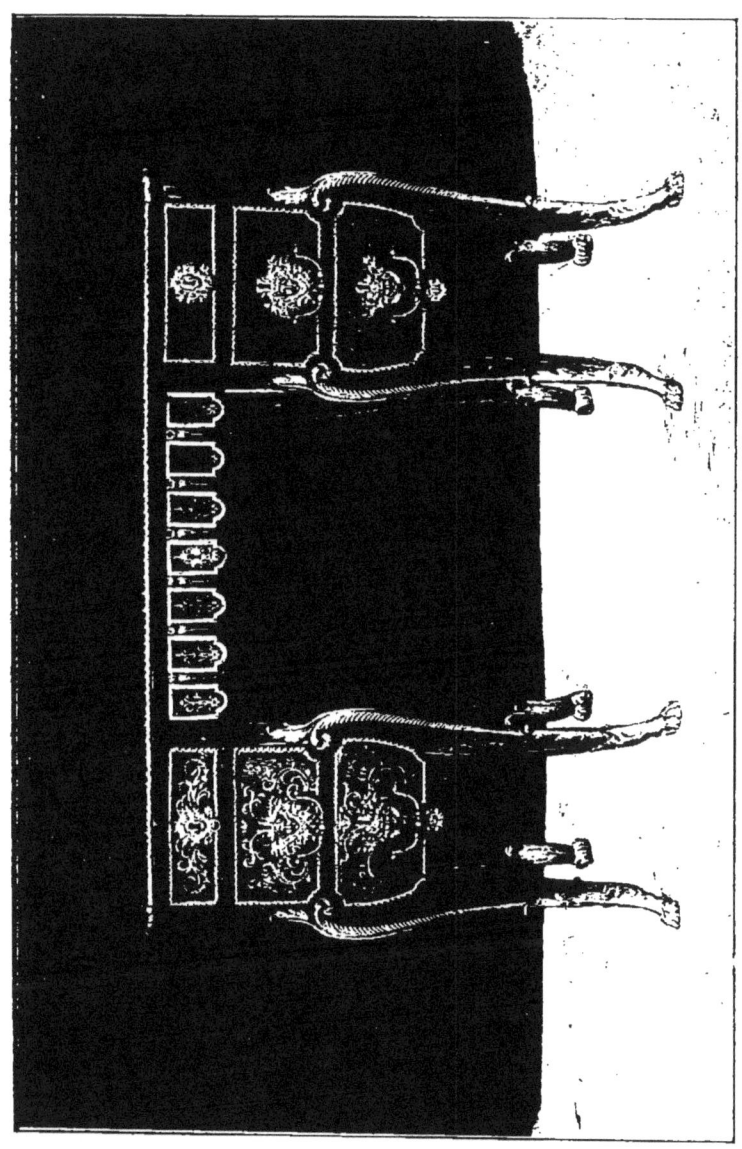

Fig. 65. — l'véritable secrétaire de Boulle (Louis XIV).
Voir à la gravure suivante le parti avantageux que l'on en a tiré.

Quant aux paysages de Trouillebert (1829-1900), ils passèrent miraculeusement, aux yeux de plusieurs amateurs de marque, — Alexandre Dumas fils fut de ceux-là, — pour de purs Corot (*fig.* 35). Signés ou non de ce nom magique, à l'insu de leur auteur, les Trouillebert (*fig.* 37) d'ailleurs très inspirés des Corot, firent merveille dans les galeries, jusqu'au jour où, la fraude ayant été dévoilée, l'opinion distinguée les jugea détestables ! Hélas ! n'est-ce point là la vraie foi des signatures !

Goûtez la supercherie des similitudes de noms et de prénoms fallacieux ! Gare aux signatures quelconques converties, par le miracle d'un jambage, en signatures mirifiques ! Attention aux Carolus-Duran avec un *d*.

Bref, pour en revenir à notre officine de peinture, voici encore les ingénieux méfaits du vernis et des embus, qui jettent un voile favorable sur les couleurs en les auréolant, parfois. Voici les sous-verres avantageux et les « répliques », qui ne sont que de fades copies. Voici des chromolithographies surpeintes. Tantôt on exécute une exquisse pour authentiquer un faux tableau ; tantôt on exécute un tableau tout entier, pour donner de la valeur à une bonne esquisse et, en ce dernier cas, le marchand va, en connaisseur, au devant de l'opinion de l'amateur, déclarant que le tableau ne vaut pas l'esquisse, aussitôt achetée pour la curiosité du fait. Car de même qu'il y a des amateurs de livres qui recherchent des éditions à cause de leurs fautes typographiques, il en est d'autres que des erreurs de dessin ravissent. A côté de la galerie des splendeurs, la galerie des horreurs, l'amour des contrastes justifie en quelque sorte la passion des extrêmes.

Collectionneurs de timbres-postes, de tickets d'autobus, de boutons; autant de maniaques différents, et la manie est bien près de desservir l'idéal de l'amateur, jusqu'à l'aberration.

La prévention des amateurs de peinture, pour revenir à cela, justifierait, en quelque sorte, la présentation trompeuse. Il faut les séduire et, quelquefois, le plus pur chef-d'œuvre n'y arriverait pas. Alors on l'arrange en conséquence ; son coloris est ravivé, son effet, ses valeurs, reprises. Nos modernes marchands

Fig. 66. — *On a fait deux chiffonniers comme celui-ci avec le meuble précédent et, la tablette qui les réunissait, servira à faire une table.*

de fleurs ambulants ont imaginé de teindre en rouge d'aniline le rose tendre des délicieuses bruyères, en jaune criard le jaune brillant des jonquilles, en vert violent le vert harmonieux des roseaux, et cette monstrueuse fraude apparaît cependant, aux yeux des simples, comme la vérité même, davantage même que la beauté naturelle!

Ainsi les plus jolies femmes ne craignent-elles pas d'emprunter au fard une beauté inférieure à la leur, qui ne nuit pas, néanmoins, à cette personnelle beauté aux yeux de la mode ou de l'habitude.

Il semble qu'il y ait des indulgences à l'égard de la pure vérité, puisque les effets au théâtre doivent être gros pour frapper les masses, et que les types, à la scène, pour être plus vrais, dans un certain sens commun, demeurent conventionnels, marqués.

Il s'ensuit que certaine vérité n'est souvent que convention et, lorsque des marchands de tableaux soumettent à leurs clients un vieux tableau authentique, mais rafraîchi, ceux-ci le déclarent faux et n'en veulent plus. Il est convenu qu'un vieux tableau doit être noir et dégradé, et le marchand en fardant excessivement la vérité, lui donne l'aspect du mensonge. La moindre retouche d'un tableau, d'ailleurs, risque de détruire une harmonie générale. Faute de pouvoir réassortir le ton, toute l'œuvre doit être reprise. Une valeur un peu claire, les gammes de tons un peu montés, et voici un tableau entièrement à refaire.

Il est préférable, pour éviter toute déception de ce genre, de signer simplement, d'un nom connu, une

LES FAUX TABLEAUX 153

œuvre se rapprochant de la facture recherchée Seule

Fig. 67. — *Faux meuble de Boulle.*

ainsi la signature est fausse et, matériellement, cela

n'est guère démontrable ; point davantage que la fausse griffe mise soi-disant à l'hôtel des Ventes sur des croquis et des études pour les authentiquer [1].

Allez donc, d'autre part, contester dans un paysage l'agrément inédit de telles figurines en premier plan? Elles ont été sans doute rajoutées mais, pour le prouver, il faudrait abîmer le tableau... et parfois cependant, le jeu en vaut la chandelle.

Mais, cette opération touche au chapitre du remède (du palliatif, plus exactement) que nous allons donner après avoir indiqué le mal. En vérité, la méfiance du lecteur est maintenant éveillée jusqu'à l'écœurement. Pourtant il ne faut rien exagérer, et l'on avouera que lorsqu'une œuvre n'arrive point, par elle-même, à dominer le soupçon jusqu'à ce qu'il indiffère, il vaut mieux ne pas s'y intéresser. Voilà la mesure empirique et, fort heureusement, à côté d'œuvres manifestement fausses, il y en a d'évidemment authentiques, tandis qu'entre les deux, le doute importe peu ou prou.

Lorsqu'un tableau nous est soumis, nous devons d'abord en examiner la beauté. Pour cela, il faut le voir et, s'il nous est loisible de le voir, en toute ga-

---

1. On a vu des esquisses estampillées à l'hôtel des Ventes, terminées après coup, pour être plus avantageusement vendues. Quelques faussaires même, n'ont pas craint de couper en deux une toile estampillée, la partie estampillée suffisant à garantir l'authenticité, tandis que l'autre n'était pas moins légalisée par la facture de l'artiste.

Fig. 68. — Bahut authentique mais dont la partie supérieure a été rajoutée, ainsi que des détails de sculpture. On remarquera aussi que le meuble a été coupé en haut et en bas.

rantie, nous l'éclaircirons, non point avec de la salive, ce qui est dangereux, mais en frottant soigneusement, soit une couenne de lard, soit un linge humecté avec un mélange d'huile de lin et d'essence de térébenthine (pour un tiers)[1] ou bien en passant légèrement sur la peinture, un pinceau enduit de blanc d'œuf[2]. Ce blanc d'œuf non battu, en séchant, fera l'effet du vernis et, pour l'enlever, un peu d'eau suffit.

Le procédé de nettoyage avec un linge offre l'avantage de démasquer plus aisément la fraude des tons chauds artificiels en les faisant apparaître clairs sous leurs brumes artificielles.

Voici donc, notre tableau soi-disant ancien nettement en vue.

Vérifions d'abord mécaniquement son authenticité. Si le tableau est véritablement vieux, c'est-à-dire s'il remonte à plus d'un demi-siècle environ, l'épreuve

---

1. Quelques marchands ont aussi recours, pour raviver un moment le coloris de leurs tableaux, à une boîte dite « à régénérer ». Les tableaux reposent dans cette boîte étanche, sur un capiton d'où s'échappent de bienfaisantes (?) vapeurs d'alcool. Mentionnons, à côté de ce moyen empirique, le procédé que l'on dit très remarquable et sans danger, découvert par M. Guédy. Ce savant rendrait aux vieux tableaux leur beauté primitive, sans couleurs, uniquement grâce à une mixture étendue et fondue sur le tableau, à l'aide d'un thermocautère spécial.

2. Le procédé du blanc d'œuf cependant, s'il est sans trop d'inconvénients pour les peintures modernes, est dangereux pour les anciennes. Il les ternit, il les ponce, et, chose plus grave, il fait éclater la pâte.

de l'aiguille donne de bons résultats. Piquons cette aiguille dans un coin du tableau et observons l'effet de sa pénétration. Si au lieu d'un trou rond et net, nous obtenons un éclatement de la pâte et du vernis à l'entour de la piqûre, nous avons de fortes chances pour ne pas être trompé.

Jugeons ensuite de l'harmonie générale. Une faute d'harmonie laisse supposer une retouche qui n'infirme pas, non plus qu'elle ne prouve la valeur de l'œuvre, à condition cependant, pour la première hypothèse, que cette retouche ne soit ni excessive ni désastreuse.

Regarder la qualité des craquelures et des taches, vérifier les épaisseurs de la pâte et, au besoin, frotter ces épaisseurs à l'essence. Attention ! rien ne résiste à l'alcool, non plus qu'à l'ammoniaque et au savon, *excepté la peinture ancienne*.

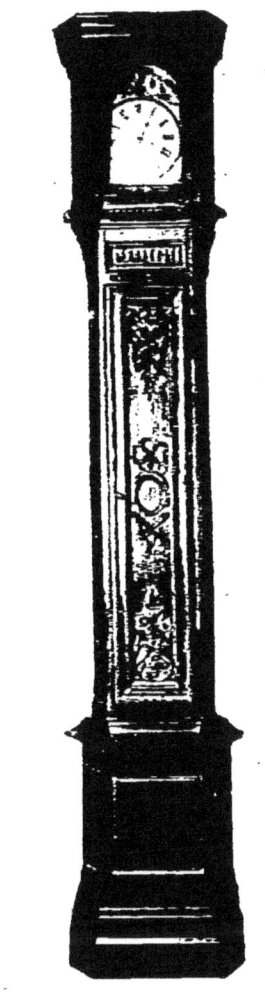

Fig. 69. — *Pendule à gaine*, dont l'extrémité et la base ont été refaites.

Ainsi donc, si votre chiffon mouillé d'alcool dans un ultime doute, emporte la couleur, c'est que celle-ci est récente.

Cependant, les faussaires ont réponse à tout, et voici qu'ils ont opposé au triomphe de l'alcool, un enduit de colle forte sur la peinture récente! Sous son rempart transparent de colle, la couleur résiste, et voilà encore que vous êtes refait!...

Toutefois, le procédé de l'alcool, en dépit même du subterfuge que nous venons d'indiquer, est d'un radicalisme désespéré devant lequel on recule, longtemps du moins.

N'oublions pas d'ailleurs, que si la véritable patine des temps *tient*, certain encrassement qu'il ne faudrait pas prendre pour de l'artifice, ne résiste pas à un léger essuyage. Ne confondons pas la patine avec la saleté, et demeurons convaincus que si nous retirons à une œuvre ancienne sa patine, nous la dépoétisons en lui enlevant son âge et le délicat mystère de ses tons fondus et harmonisés. Méfions-nous, d'autre part, de voiler le vernis en le mouillant, mais, comme ce désagrément décèle plutôt le vernis moderne, le mal sera en quelque sorte un bien. On pourrait cependant décrasser un tableau à sec, avec de la mie de pain, procédé offrant moins de risques. Si l'on désire dévernir quelque coin du tableau, il suffit de frotter patiemment avec le doigt, jusqu'à ce que l'endroit frotté devienne mat et, le mélange d'alcool et d'huile de lin traditionnel, n'est pas moins efficace, il est au surplus plus rapide ; mais avant tout, ne pas détruire le témoignage fort édifiant, du vernis. La patine du vernis ancien est inimitable.

Bref, pour retourner à l'examen du tableau, voyons les qualités de son dessin et de son arrangement, celles de sa facture, de son coloris et de son effet. Concluons ensuite à la beauté du tableau ; puis, enfin, rapprochons cette beauté de celle que l'on prétend. Rappelons-nous le mode d'exécution du peintre en question, vérifions l'authenticité du costume des personnages représentés, s'il y en a, ou bien la façon de traiter les arbres, les fonds, les ciels, s'il s'agit d'un paysage. Une erreur dans un costume d'époque est une preuve lumineuse, tout comme un coup de brosse *enlevé*, dans une facture précieuse.

Fig. 70. — *Chaise en cours de truquage ornemental.*

Souvenons-nous encore de l'ingénieux mode « anthropométrique » dont nous parlâmes à la page 124.

En analysant aussi la pâte, la qualité de certains tons, on obtient d'autres garanties matérielles qui viennent s'ajouter aux précédentes. Situons l'artiste et son œuvre dans l'atmosphère de son temps et de sa vie propre, réclamons, enfin, des certificats d'origine à l'œuvre, dont il serait utile d'éclaircir les pérégrinations jusqu'à son échouement entre vos mains. Sans oublier que les musées, sont aussi là pour vous prévenir contre une copie ou un pastiche.

Mais, au résumé, rien ne vaut la première impression en matière d'appréciation. Le flair n'est souvent que cette sympathie ou cette antipathie immédiate. Il y a des toiles qui sont frappantes de sincérité comme il en est « qui ne nous reviennent pas ». Surtout n'achetez pas une signature ; vous savez ce qu'il en coûte, à moins cependant que vous ne soyez assez connaisseur pour acquérir un vrai Millet, par exemple, pourvu d'une signature fausse afin de l'authentiquer davantage. Cela s'est vu.

Passons maintenant du côté pile. Notre tableau est retourné. Il s'agit d'un rentoilage, celui-ci est-il sincère, du moins était-il justifié? De quand date cette opération et qui y procéda? Neuf fois sur dix, ne comptez point obtenir ce renseignement de la bouche même du marchand. L'état de conservation de la peinture vous édifiera plus sûrement.

Si le tableau est sur sa toile d'origine, examiner la

Fig. 71. — *Fausse chaise ancienne* (bâtie en vieux bois, sculptures plaquées, modernes, erreurs de style).

trame. Les trames enduites de vernis coloré, noircies sous des couches de bitume, sont fallacieuses, et surtout lorsque ces couches recouvrent des étiquettes illisibles. Les inscriptions également illisibles sur les châssis ne valent pas mieux encore que les certificats d'origine trop catégoriques. Toutes ces preuves n'ont de l'importance que si l'œuvre est réellement belle, et encore la présence de ces témoignages ne constituerait-elle pas une louche superfétation? La monture du châssis, enfin, a une éloquence non négligeable. Soit qu'il soit collé, cloué ou chevillé, le châssis a subi une façon différente à travers les époques. Il y a aussi de vieux châssis véritables. De même, les panneaux de bois sur lesquels on peignait dans le temps, étaient assemblés autrement qu'aujourd'hui ; on les cloisonnait souvent, et les instruments qui les équarrissaient, avaient une hésitation caractéristique.

Si la peinture repose sur une plaque de cuivre, contrôler, sous un éclat de la pâte que l'on soulèvera un peu, la patine du cuivre ; si celui-ci est brillant, couleur de neuf, votre conviction sera faite. Le planage aussi, de la plaque, vous renseignera ; des machines perfectionnées remplaçant aujourd'hui la frappe au marteau d'autrefois.

S'agit-il d'une boiserie peinte? Comme rien n'est plus facile au faussaire que de peindre quelque Cupidon, genre Boucher, sur un vieux panneau quelconque, vérifier le style du panneau dont la forme, pour plus de vraisemblance, a été conservée, et s'enquérir de sa provenance. Si le panneau en question provient d'un salon ou de quelque autre ensemble, que sont devenus ceux qui l'accompagnaient ? Un panneau de style est rarement isolé.

Si nous avons affaire, enfin, à une peinture sur carton, elle nous sera très suspecte, ce support n'étant point ancien, alors que la peinture sur papier remonte, elle, au XVI$^e$ siècle, du moins Holbein ne dédaigna-t-il pas cette matière. Dans ce dernier cas, examinons la pâte, le filigrane du papier, comme nous l'avons dit, à propos des dessins.

Méditons sur l'aventure de maints tableaux de prix qu'un habile faussaire copia durant les heures d'attente que l'absence calculée de l'expert (ou du marchand) vous infligea. On vous faisait patienter dans une salle voisine du bureau de l'expert où un artiste opérait activement. Puis, à quelque temps de là, lorsque vous reveniez, on vous montrait la copie de votre tableau (ou sa photographie, d'une reproduction plus rapide) en vous persuadant que l'original du dit tableau n'était point en votre possession et que sa copie ne valait rien. D'autre part, il ne faut pas oublier l'anecdote classique du marchand qui fit écrire par son client, ses nom et adresse au verso d'une peinture, afin qu'on la lui envoie. Or, aussitôt déballée, la peinture apparut détestable, mais le client n'osa se plaindre, d'autant qu'elle portait une suscription de sa main propre et, cependant, le client était « roulé » par le marchand qui lui avait simplement adressé la copie du tableau, collée sous l'original qu'il avait conservé.

Au résumé, ne point se presser pour acheter, user de la loupe fréquemment, afin d'examiner la qualité, l'esprit, les manies souvent, de la touche qui préside à la facture. Comparer cette facture avec celle d'un original avéré (quelque pièce de musée), n'user enfin, qu'en dernier lieu, de l'essence ou de l'alcool, pour prouver d'une manière irréfutable, qu'un tableau soi-disant ancien n'est qu'une peinture récente.

## CHAPITRE VII

### Les fausses statues en bois, en marbre, en terre cuite, en ivoire, etc.

En sculpture, les fraudes sont aussi flagrantes et nombreuses qu'en peinture, malgré qu'il n'y ait pas les ressources de la couleur proprement dite pour aiguiller sur l'authenticité. Un coup d'ébauchoir ou de pouce, une trace de râpe, et voici cependant, le faux dévoilé, dans la partie matérielle; tandis que le style de l'œuvre, le caractère de sa nudité, s'il s'agit d'une académie, vous éclairent d'autre manière.

Comme toujours, en art, le critérium demeure la beauté, exprimée d'abord par des qualités de métier — s'il s'agit principalement d'œuvres anciennes — et ensuite par l'essence d'une pensée, cette pensée étant esclave, le plus souvent, de l'esprit d'une époque ou d'un mouvement littéraire ou politique.

Autant donc de contrôles à exercer, et nous retrouvons ici, les mêmes moyens d'investigation que pour la peinture, sinon pour toutes les œuvres artistiques du passé, quelles qu'elles soient.

Mais il faut surtout retenir, en matière de sculpture, l'expression de la nudité et de la coiffure. La nudité s'accorde singulièrement avec la coiffure et, quant au visage, ses traits plus ou moins marqués, à l'antique, ne sont pas non plus d'indication indifférente.

Rappelons-nous les phases les plus typiques de l'idéal humain, depuis les Grecs et les Romains — sans parler des Égyptiens, des Assyriens, Phéniciens, etc., plus préoccupés d'hiératisme que de vérité — jusqu'au réalisme et au désordre actuels, en passant par l'esprit et la gaieté purement français de la Renaissance, l'emphase et la richesse du XVIIe siècle, la grâce délicieusement mièvre du XVIIIe siècle, et le retour à l'antique des classiques battus en brèche, dans ce même début du XIXe siècle, par les romantiques, plus sincères, plus originaux.

A chaque époque une forme différente. Jean Goujon, sous la Renaissance, étire le corps de la femme, ce même corps que Michel-Ange muscle vigoureusement, au mépris du canon des Grecs. Puget poursuit, au début du XVIIe siècle, la puissance, en immolant plutôt la grâce, tandis que Coysevox, après, exalte la ligne dans le pittoresque, et que Bouchardon ne retient, au XVIIIe siècle, que le charme. Puis ce sont les sculpteurs, sous la dictature de David, retournant, sans en saisir le caractère, au type gréco-romain, alors que, dès le milieu du XIXe siècle, les Rude, les Dalou

LES FAUSSES STATUES 167

Fig. 72. — *Meuble dit Breton* (façonnage rustique avec des bois vieillis, parties authentiques et fausses mêlées).

chantaient simplement la chair palpitante et que nos jours semblent subordonner la plastique à la pensée.

C'est l'étude de ces diverses conceptions de la plastique qu'il faut faire, avant de juger matériellement de la beauté. Pour démasquer la fraude, il importe de déjouer sa malice et son intelligence, à moins de se borner à la qualité esthétique, d'où qu'elle vienne.

En dehors de la qualité esthétique, la connaissance des procédés techniques de la statuaire est nécessaire. Tout au moins doit-on savoir les diverses matières employées, et les modes de moulage et de pratique. Dernièrement, un statuaire reconnut pour fausse une statuette attribuée à Houdon, rien qu'à cause d'un travail de râpe ignoré certainement du maître.

Il faut pouvoir suivre, certaines fois, l'outil sur la matière, la trace de quelques tours de main, l'usage de tels façonnages, comme la « mise au point », procédé inconnu, par exemple, au $xiii^e$ siècle et si usité de nos jours, comme le dégrossissement et même la sculpture entièrement exécutée à la machine, sans oublier les patines, à travers le progrès ou l'essor commercial des époques. La présentation, aussi, des œuvres de la statuaire, varie au gré de leur destination et, si le but de la statuaire n'a pas changé depuis son origine, ses adaptations, ses convenances ont revêtu des formes qu'une technique ouvrière spéciale a fixées. Or, chaque technique ouvrière nous renseigne sur une date. Chaque sol a sa glaise ; elle est tantôt gris clair, tantôt noirâtre ou tantôt rougeâtre et rouge. La pierre, le marbre selon les terrains, offrent

Fig. 73. — *Meuble dit Breton.*

des molécules différentes, et le bois également a son sol à lui. Pour cette raison, n'ayez crainte, nos faussaires distinguent avec art la pierre de Bourgogne de la pierre de Lorraine, au gré des écoles qu'ils ont à imiter. Quant au travail du moulage, il a aussi évolué, de même que les systèmes de fonte et la composition de cette fonte.

D'où, répétons-le, les nécessités d'une instruction indifférente peut-être à l'esthétique, mais certainement indispensable au but d'identité que nous cherchons.

Dévoilons, maintenant, les principales fraudes usitées en matière de statuaire.

Débutons par la sculpture sur bois. La fausse sculpture sur bois s'exécute dans des madriers[1] ou bien, lorsqu'il s'agit de très volumineuses pièces, on assemble, avant de les travailler, plusieurs morceaux de bois, au moyen de colle, de vieux clous rouillés ou de chevilles.

Comme, très souvent les statuettes anciennes étaient peintes, pour rendre vraisemblables les statuettes truquées, on les recouvre pareillement de couleur qui, aussitôt sèche, est ôtée à l'aide de potasse. Les traces de couleur demeurées dans les veines du bois ou dans quelques creux, suffisent à l'illusion d'une somptueuse parure disparue, d'autant que çà et là on aperçoit des restes d'or habilement ménagé. Cette pratique de la potasse est également usitée dans le

---

1. Les bois les plus durs sont les meilleurs, ceux qui ont subi le contact de l'eau, dits *flottés*, principalement, et nous verrons les bois provenant des démolitions — trop friables ou tombant en poussière, leur matière au surplus s'opposant à la sculpture, à cause des galeries formées par les vers — utilisés d'autre manière, dans le meuble truqué.

meuble ; sa malice est fort judicieuse, non seulement

Fig. 74. — *Pichet en vieil étain.*

parce qu'elle trompe sur l'authenticité (car on n'ose supposer tant d'artifices et de rouerie), mais encore parce qu'elle égare luxueusement sur la beauté initiale.

L'antiquaire chez qui l'on découvrit la précieuse statuette (ou le meuble) vous contera, avec mille détails, sa propre découverte. Figurez-vous que cette statuette lorsqu'il la « déterra » (chez quelque paysan) disparaissait sous les toiles d'araignées et la crasse ; alors, comme bien vous pensez, il la nettoya et, sous la peinture rongée, sacrifiant la couleur à la qualité de la sculpture — ô miracle de la potasse ! — cette merveille lui apparut !

Goûtez avec quel art le contrôle de la peinture échappe ainsi à votre investigation pour vous faire rêver avantageusement sur de la beauté disparue ! Comment ne pas apprécier, d'autre part, le sacrifice consenti par ce marchand, qui n'hésita pas à dégager ce joyau de sa gangue, à en détruire même la véracité, pour rendre l'œuvre plus présentable !

Le D$^r$ Foresi raconte l'aventure étonnante de Giovanna Albizzi, issue tout entière de la diabolique fabrication du sculpteur moderne Bastianini. Il s'agit d'une statuette de femme, taillée comme nous l'avons dit, dans du bois « vieilli » et paré de la manière suivante, dans le goût du XVI$^e$ siècle. Bastianini réalisa une pâte faite d'étoupe, de stuc et de chiffons, qui permit d'étoffer une robe à la gracieuse Giovanna, laquelle robe fut peinte et dorée, l'ensemble reproduisant, à s'y méprendre, un des joyaux les plus réussis de la Renaissance !

Et d'ailleurs que d'amateurs se disputèrent ce joyau!

Fig. 75. — *Le pichet précédent enrichi d'ornements.*

Si le bois est présenté nature, c'est-à-dire sans traces

10*

de couleurs, l'apparence vermoulue est réalisée artificiellement[1].

Mais nous parlerons des fausses piqûres de vers, conformément à la décrépitude véritable, lorsque nous parlerons du meuble. Nous dévoilerons alors d'autres tricheries que l'on pourra joindre aux précédentes, et, la manière de reconnaître la supercherie matérielle prendra plutôt sa place à l'article du meuble qui concerne particulièrement l'emploi du bois.

Pour l'instant, il faut nous en tenir à la statue et à la statuette dont la qualité esthétique, avant tout, guidera notre choix. Son authenticité, ensuite, pourra nous être garantie, en quelque sorte, par la pureté du style ou la volonté de son observation. Une faute de style, dans la forme générale, dans le détail de la coiffure ou du costume, trahit la fraude, répétons-le. Attention, en ce qui concerne le travail de sculpture, aux traces de l'instrument employé! Les gouges et rifloirs modernes laissent des entailles reconnaissables; les maladresses de certaines attaques du bois sont trompeuses dans le sens de la fraude; toutes les sortes de bois n'étaient pas à la disposition des anciens. On ignorait l'or chimique et, par conséquent, chaque parcelle d'or ancien doit être véritable.

Restent les autres éléments de vérification com-

1. Pour vieillir le bois, on a souvent recours aussi à des macérages dans l'acide. Ainsi traitées, les parties molles du bois s'enfoncent tandis que saillissent les fibres. L'effet de ce truquage est excellent.

Fig. 76. — *Pot ancien en cuivre.*

muns à toutes les manifestations du bois, que le lecteur trouvera, comme nous l'avons dit, au chapitre du meuble.

Nous passerons maintenant, à l'examen de la statuaire en marbre, réputée ancienne.

A quel style se rattache cette œuvre, dont nous ne contestons pas la beauté, au premier coup d'œil? De quelle manière d'artiste se rapproche-t-elle? De Houdon (*fig.* 41)? Bien. Évidemment, J.-A. Houdon aimait ce genre d'expression; il a en effet exécuté des Dianes exquises, et nous nous trouvons en présence d'une Diane... signée Houdon, d'ailleurs, et, chez un collectionneur exclusivement passionné des œuvres du maître, encore! Méditons cependant sur ces aphorismes : plus un artiste a produit, plus il est contrefait : plus un collectionneur a réuni d'œuvres d'un même maître, plus il a de chances de voir sa collection proclamée douteuse. Les fraudeurs s'attaquent, naturellement, au sujet le plus typique traité par l'artiste qu'ils falsifient.

Rallions-nous, en l'occurrence, à ce dernier adage, et méfions-nous déjà. Renseignons-nous ensuite sur la facture de Houdon. La facture du marbre des anciens sculpteurs est reconnaissable, tandis que la nôtre a perdu sa personnalité, la plupart des statuaires modernes, sinon tous, s'adressant à des entrepreneurs qui fabriquent, achèvent mécaniquement, leurs œuvres en marbre, d'après la terre ou le plâtre.

Les sculpteurs donc, du xviii$^e$ siècle, et aussi ceux

Fig 77. — *Le pot précédent enrichi d'ornements.*

du début du xix$^e$ siècle, faisaient leur marbre eux-mêmes, et leur manière, dès lors, est souvent frappante. En place de l'habileté, de la monotonie machinales qui caractérisent désagréablement nos marbres actuels, nous remarquerons, dans les œuvres du passé, un travail autrement intéressant. On peut y suivre fréquemment la trace de l'outil, du ciseau à la râpe, et ces traces sont révélatrices de la facture propre à l'auteur[1].

Ainsi, pour en revenir à notre Diane de Houdon, l'adresse de sa façon trahit la machine et, d'autre part, si le faussaire a bien rendu l'expression du nu féminin cher au maître et à son époque, il a voulu donner le change à l'habileté, en distribuant çà et là, de maladroits coups de ciseau ou de râpe, indignes de l'auguste modèle. Certes, le marbre a l'air ancien, mais on l'a jauni, soit en l'exposant quelque temps aux intempéries de l'air, soit en le teintant légèrement à l'ocre; ses pores étant facilement imprégnables.

D'aucuns même, prétendent que le jus de fumier « vieillit » le marbre à s'y tromper, et les eaux rousses jouissent aussi de cette réputation; mais lorsqu'il s'agit de marbres vendus pour antiques.

---

1. En dehors de la facture reconnaissable, il y a des manies propres à certains artistes. C'est ainsi que, je ne sais quel sculpteur grec ancien, a pour ainsi dire signé ses statues de marbre, par deux coups de mèche dans les boucles de cheveux, près de l'oreille, de ses personnages.

LES FAUSSES STATUES 179

Comment obtient-on le délabrement de la matière ? C'est bien simple. Les menues dégradations résultent de petits coups d'épingle et autres pointes

FIG. 78. — *Imitation de porcelaine de Chine*. en faïence italienne de Calegari, musée céramique de Sèvres.

d'acier qui piquent légèrement le marbre, et les mutilations proviennent de coups de ciseau maladroitement donnés. Ces mutilations, après, sont elles-mêmes défigurées. On soumet le tout aux maquillages que nous avons dits (teintures et jus); la moisissure, au surplus, avantage encore l'œuvre truquée, que des mousses véritables parachèvent à la longue.

Il s'ensuit que la beauté est surtout inimitable, et c'est à son discernement toujours et d'abord, que nous devons tendre.

Attention aux faux Clodion dont la mode va revenir ! Gare aux compositions érotiques qui pullulent sous le couvert de ce grand artiste et, à propos de lui et de Chinard, nous lisons dans *l'Intransigeant* : « On a vendu l'autre jour à l'hôtel des Ventes, pour le prix de huit cents francs, une petite terre cuite signée Chinard et qui représentait le buste du prince Eugène. Le charmant Chinard, qui continuait les grâces de Clodion quand David s'apprêtait déjà à régenter l'art français, Chinard un maître justement prisé aujourd'hui. Mais le buste n'était pas de lui. Il a été fabriqué par X..., le fameux et remarquable ouvrier d'art qui, dans son atelier voisin de la Bastille, évoque avec l'adresse la plus surprenante les anciens chefs-d'œuvre. Mais, lui du moins, ne trompe pas son public. Il « fait » des Clodion et des Chinard, mais il l'avoue. Le buste du prince Eugène, il l'avait vendu 100 francs... »

Cela nous amène à parler des fausses terres cuites.

Nous laisserons de côté les procédés de peinture qui donnent les différentes teintes de la terre cuite au plâtre. Ces procédés sont courants, et il suffit de

LES FAUSSES STATUES 181

gratter la couche de peinture pour retrouver le plâtre blanc, révélateur de la fraude. Les falsificateurs ne sont pas moins trahis, d'ailleurs, lorsqu'ils vendent

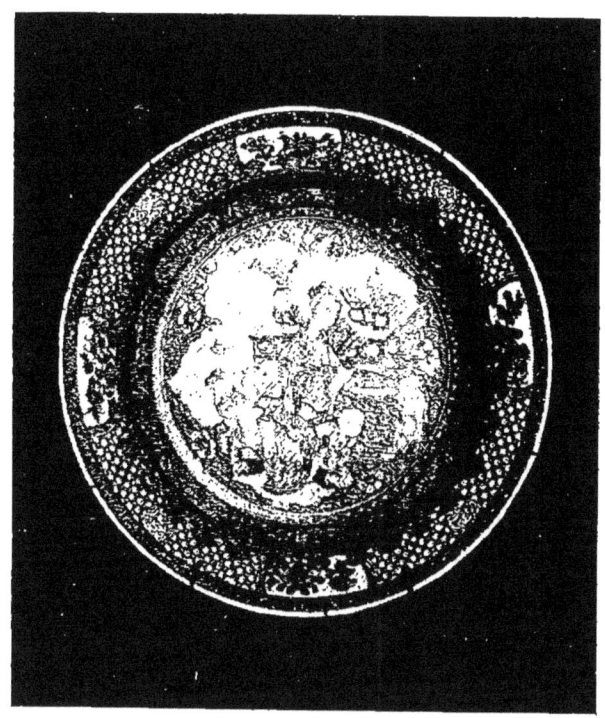

Fig. 79. — *Imitation de porcelaine de Chine* faite à la manufacture nationale de Sèvres, musée céramique de Sèvres.

comme originales de véritables terres cuites moulées sur des originaux. On sait, en effet, que la terre cuite réduit au feu dans des proportions que l'on ne peut prévoir, d'où un surmoulage d'une dimension différente de celle de l'original, ou plus petite ou plus grande.

Ouvrons, à propos du moulage et du surmoulage, une utile parenthèse.

Par l'opération du moulage, on peut obtenir la reproduction en plâtre et autre matière fusible, coulée dans le moule, de n'importe quel original de sculpture. Comment reconnaître un moulage en plâtre ? Aux bavures des joints qui constituent les morceaux du moule. Il est vrai que ces bavures, rasées au canif, passées au papier de verre sur le plâtre tendre disparaissent en partie et peuvent tromper un œil non averti; au surplus, si le plâtre est patiné, la couleur dont il est recouvert éclipse d'autant mieux les bavures révélatrices. Cependant, l'aspect savonneux, « rondouillard », l'effacement des modelés devenus flous au lieu d'être solides, l'absence presque des détails, prouvent d'autre part la reproduction ou contrefaçon. Plus un moulage a été surmoulé (car il y a de bons moulages, étant donné leur reproduction directe d'après l'original, et le surmoulage n'est que le ou les moulages exécutés successivement sur un moulage) plus ces atténuations de la forme, plus cette impression de « rondouillard » s'accuse.

Il importe donc, pour déjouer l'artifice, en dehors des observations précédentes, de s'enquérir du lieu où se trouve l'original soi-disant proposé. S'il y a deux originaux, ne nous attardons pas excessivement à l'idée d'une « réplique » et songeons au moulage, puis au surmoulage.

Une autre cause de trouble est offerte par la *réduction* ou reproduction en petit d'une œuvre grande. Bien que réduites à la machine, ces diminutions sont presque toujours détestables et, quant au moyen de les démasquer, lorsqu'on vous les donne pour originales, il suffit encore de consulter les galeries et les musées qui, sans doute, possèdent la statue en grande dimension.

Fermons maintenant la parenthèse, et retournons à la terre cuite, non sans avoir dit préalablement, que les sculptures métallisées, c'est-à-dire offrant l'aspect du bronze et autres métaux, alors qu'elles

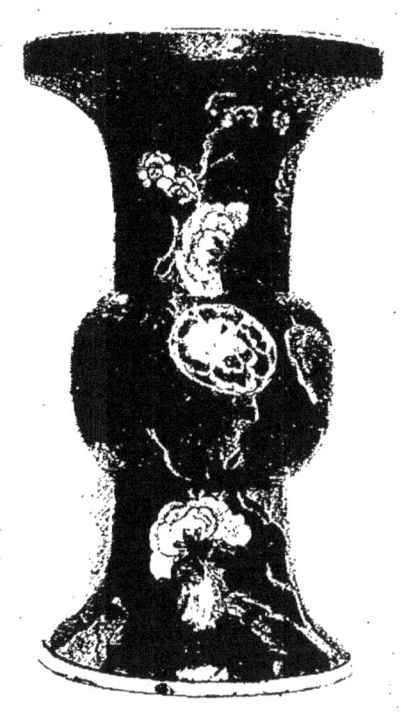

Fig. 89. — *Imitation de porcelaine de Chine*, par Samson, à Paris, musée céramique de Sèvres.

sont simplement en plâtre recouvert d'une couche de métal (*fig.* 45), se dévoilent elles-mêmes au grattage. A ce critérium, nous ajouterons ceux du son et du choc... ce dernier moyen des plus concluants.

Voici les innombrables fausses statuettes de Tanagra (*fig.* 46) ! Aussi innombrables que les fausses urnes et lampes romaines !

Les véritables statuettes de Tanagra étaient moulées, et la finesse de leurs détails a été rarement bien imitée[1]. Dans le commerce, celles que l'on baptise de ce nom, sont ni plus ni moins de grossières esquisses en plâtre, modelées sur une carcasse quelconque, peintes ensuite et recouvertes d'un enduit grenu que rehaussent sobrement des traces de dorure.

Il faudrait briser ces faux Tanagra, pour confondre leur armature fallacieuse en place du fin moulage dont elles se réclament. Quant aux Tanagra raccommodées, on peut supposer qu'elles le furent toutes, étant donné leur origine tumulaire, si rarement conservatrice, et les raccommodages, au surplus, ne constituent pas une fraude.

Pour en revenir aux patines de la terre cuite, citons, après le subterfuge de la couleur, le culottage à la fumée de tabac et, n'oublions pas enfin, de consulter la qualité de la terre employée, si nous voulons remonter à l'origine d'une facture. C'est ainsi que Clodion usait d'une terre particulière, de même que Cyfflé (terre de Lorraine), et, puisque nous venons de citer à nouveau le nom de Clodion, il faut retenir

---

1. Le célèbre sculpteur danois B. Thorwaldsen n'a pas peu contribué au nombre et à la beauté des statuettes de Tanagra, on lui en doit de fort belles!

une particularité qui le concerne. Le maître nancéen cuisait ses œuvres lui-même et, comme il lui arrivait fréquemment de briser quelque membre de ses délicates figurines, il les raccommodait ensuite. D'où un indice intéressant.

Passons maintenant, rapidement, sur les fausses statuettes en albâtre, façon Renaissance, qui sont ni plus ni moins des épreuves moulées à l'aide d'un mélange de poudre d'albâtre et de gomme, truquage complété par des maquillages de couleurs et un polissage qui leur assure une quasi-vraisemblance.

Voulez-vous encore, sans sortir de l'époque Renaissance, un médaillon en cire ? Voici comment notre faussaire pratique. Lorsqu'il a massé son personnage, il modèle les détails avec une spatule chauffée à l'alcool et, au fur et à mesure, il emploie des couleurs à l'aquarelle qui s'associent à la cire en fondant. Le soin méticuleux qui présidera ensuite à la présentation de ce médaillon, se portera garant de son authenticité, et, de fait, il n'y a que l'époque de son exécution qui est trompeuse, car le procédé d'exécution de la céroplastique a été habilement rénové.

Bref, ne confondons pas, tout d'abord, le marbre avec l'albâtre, ni avec certaines compositions de cire ou de pâte blanche ; de même ne prenons pas toutes les statuettes en vulgaire porcelaine blanche pour de délicats biscuits. Comme toujours, il importe de s'instruire fondamentalement avant de s'inquiéter des subtilités et, après l'étude esthétique, il faut se renseigner sur les différentes matières employées à la réalisation de cette esthétique.

C'est ainsi qu'il ne faut pas confondre une épreuve en bronze (statuette, médaille), obtenue par l'opération de la galvanoplastie, avec une épreuve coulée en bronze, cette dernière ayant une valeur beaucoup plus élevée. Aussi bien, il importe de ne pas prendre un moulage sur nature pour une œuvre d'art. Malgré les résultats souvent remarquables donnés par le moulage sur nature, et malgré aussi la réalisation en matière (marbre, bronze et autres), qui dissimule ses artifices, son importance esthétique équivaut à celle de la photographie.

Deux mots maintenant de la sculpture sur ivoire. Les faux ivoires ont fatalement, aussi, comblé les désirs de la vogue; il en fallait toujours et à tous prix, la fraude heureusement veillait, elle inonda le marché.

Lorsqu'il n'y eut plus de christs anciens, il y en eut encore, grâce aux « christiers », praticiens plus ou moins habiles qui exécutent, chacun selon sa spécialité routinière, les uns la tête, les autres le torse ou les jambes du Rédempteur. Le culte pour les christs alterne avec celui des diptyques gothiques, des boîtes, des poignées d'armes, des statuettes, etc., et, de nos temps, des compositions spéciales jouent parfaitement l'ivoire ancien, d'accord avec les ivoires modernes patinés. Les stations balnéaires françaises et étrangères se plaisent à écouler ces plus ou moins détestables produits qui ne trompent cependant pas

Fig. 81. — *Cornet en porcelaine du Japon* (celui de droite) et son imitation en faïence de Delft, musée céramique de Sèvres.

les gens de goût, alors qu'ils ravissent les autres.

Si encore on ne prétendait vendre que des ivoires modernes ! Malheureusement, il a fallu donner satisfaction aux « dénicheurs » de vieux ivoires ! Et alors on s'employa à vieillir la matière neuve avant de la revêtir de sculptures empruntées à l'art du passé. Voici comment on s'y prend pour « vieillir » l'ivoire. Tout d'abord, il convient de réaliser ses vénérables craquelures. L'opération est aisée : trempez l'ivoire dans de l'eau très chaude et soumettez-le ensuite à l'action d'un feu vif. Aussitôt, sous l'action expansive, les fibres de la matière s'écartent à souhait, éclatant même, favorablement pour l'illusion.

Poursuivons ensuite notre vieillissement, « culottons » la blancheur révélatrice de l'ivoire neuf, en le soumettant à des fumigations de tabac, de tan ou de foin mouillé. Nous pourrions aussi le plonger dans un bain d'ocre où il demeurerait plusieurs jours, afin qu'il s'imprègne de la bienfaisante couleur.

D'aucuns préconisent aussi des frictions de térébenthine mêlée de bitume de Judée ; le contact prolongé avec la peau a souvent jauni, d'autre part, l'ivoire neuf, ainsi que le jus de réglisse et le noir de fumée.

Mais passons, et, après avoir dénoncé le mal, cherchons le remède. Comment résister à l'artifice ? Souvent une monture métallique manifestement moderne, nous éclaire ; souvent aussi la qualité du travail de la gouge, plus ou moins perfectionnée, éveille nos soupçons, de même que les maladresses de l'échoppe, d'une brutalité commerciale.

Lorsqu'il s'agit d'un christ, c'est en comparant la

facture de sa tête ou de chacun de ses morceaux avec d'autres, que l'on peut, souvent, reconnaître le vrai du faux, étant donné le côté fabrication des « christiers » susdits. Si telle tête (ou tel torse) se rencontre, comme façon, avec une ou plusieurs autres, la ruse est éventée.

La griffe du tour, inusité naguère, est aussi un indice de la fraude dans la forme cylindrique d'une croix, d'une base ; et, de même, les rayons concentriques en relief faits à la machine, sous les drageoirs et autres boîtes, ne sont pas moins éloquents, car la machine était ignorée au bon vieux temps.

FIG. 82. — *Imitation en faïence anglaise du chandelier en faïence de Saint-Porchaire de la collection Duthuit (Petit Palais), musée céramique de Sèvres.*

Du côté des patines, un léger lavage de l'ivoire, soit à l'eau, soit à l'alcool, a tôt fait de trahir le mensonge, malgré que certains nettoyages aient raison des ivoires les plus anciens à qui ils rendent désagréablement leur blancheur initiale...

Quant aux ivoire imités en celluloïd, leur odeur de camphre, leur inflammabilité au surplus, les révèlent immédiatement.

Nous n'avons pas parlé ici, des truquages de la pierre (*fig.* 47). Il va sans dire qu'ils sont les mêmes que ceux du marbre et, naturellement, la nature de cette pierre comme la trace des outils qui l'attaquèrent, nous mettent pareillement sur la voie de la supercherie.

## CHAPITRE VIII

### Les faux meubles

Au fur et à mesure de l'examen des spécialités de la fraude, se complète notre étude générale. C'est-à-dire que la fraude est un bloc, toute une agglomération de « trucs » connexes, tout un faisceau de ressources, de tours de main qui réapparaissent, se juxtaposent et se fondent, pour se retrouver égaux devant la matière semblable ou similaire.

Par exemple, nous citerons ici, à propos des faux meubles, des pratiques inhérentes au bois en général, et nous terminerons en même temps à ce chapitre, les artifices de la sculpture sur bois ainsi que le moyen de démasquer ces artifices.

Lorsque nous parlerons des poteries, nous achèverons notre mise à l'index des fausses terres cuites et, quand la pseudo-ferronnerie ancienne viendra sous notre plume, nous compléterons nos avertissements sur les métallisations, sur les fontes apocryphes.

Ainsi de suite pour les autres accusations que nous formulâmes auparavant.

Bref, nous vîmes les vieux bois et même les bois neufs vieillis, mais non les bois délabrés — à cause des difficultés de la sculpture — servir à la confection des statuettes (*fig.* 48 et 49) des xiv$^e$, xv$^e$, xvi$^e$ et xvii$^e$ siècles pour le moins... Or, le meuble va procéder de même, et nous voici en présence d'un coffre sculpté en plein bois.

Les sculptures et moulures sont adroites ou maladroites selon l'âge visé. Il est convenu que les époques romanes et gothiques sont naïves, et notre coffre veut être davantage gauche pour ressembler à du « roman ».

La Renaissance est une ère de grâce et de richesse décorative ; notre coffre « roman » se borne ainsi, à une stricte curiosité lourde et touffue. N'oublions pas que les bons truqueurs connaissent à fond leurs styles et qu'ils n'ignorent pas non plus la qualité non portative des meubles romans, en l'occurrence.

Voici pourquoi notre coffre pèse un bon poids, lequel pourrait aussi bien être exprimé par un placage de sculptures sur des vieux bois de démolition, mais nous n'en sommes pas encore là.

Pour en revenir à notre coffre, il a reçu, après sa parure de piqûres de vers que nous expliquons plus loin, une toilette harmonieuse faite de brou de noix et d'encaustique. La chaleur du brou de noix, plus ou moins dilué, est plus ou moins vive selon qu'elle doit complètement assombrir les bois ou seulement les dorer, et l'encaustique, appliquée en dernier, ajoute au mystère de l'ensemble qu'il emprisonne sous le sourire d'un brillant obtenu au chiffon ou à la brosse douce.

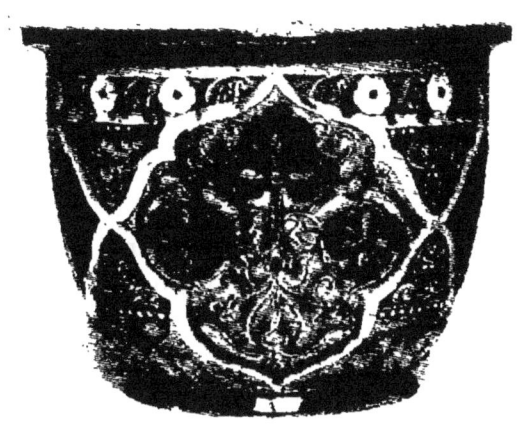

Fig. 83. — *Imitation de faïence de Rhodes*, par J.-T. Deck, musée céramique de Sèvres.

*Nota bene :* les statues non peintes sont pareillement traitées, et les meubles vrais ou faux comme les statues et toutes sculptures authentiques ou non, partagent le même traitement conservateur ou restaurateur du brou de noix et de l'encaustique.

D'où une initiale confusion visuelle.

Bref, la patine de notre coffre estradieuse sur le

délabrement général (voir plus loin les moyens employés pour altérer le bois), que de la poussière savamment ménagée dans les creux et rainures, que de grossiers rafistolages, très apparents (pour masquer le raffinement des autres), que des pièces vermoulues, défaillantes, authentiquent à qui mieux mieux. L'harmonie du vieux est donc parfaite et vous voilà déroutés !

Tournons maintenant autour du coffre, ouvrons-le, cherchons en un mot le défaut de la cuirasse. Vous ne manquerez pas de le trouver si vous êtes bien curieux. Nous ne reviendrons plus sur l'analyse initiale du caractère des sculptures, de leur facture, etc., mais en revanche, voici un geste quasi infaillible. Passez légèrement les mains sur les sculptures et les moulures de ce coffre, caressez-les et voyez si elles vous rendent votre caresse.

L'usure des temps, à travers les phases de l'entretien, de l'astiquage, donne un velours aux aspérités du bois, inimitable. Observation qui concerne les statues étudiées précédemment, de même que les pratiques de la potasse, si ingénieuses, s'adressent aussi bien aux meubles qu'aux statues taillées dans cette matière.

Les meubles potassés sont déjà suspects, et malheureusement les bons meubles paient pour les mauvais, car la potasse n'est point toujours artificieuse, elle sert fréquemment l'honnête cause. Voir plutôt les applications du brou de noix et de l'encaustique pareillement ambiguës.

On conçoit, d'ailleurs, cette ambiguïté, si favorable à la fraude, friande de pêcher en eau trouble, plus préoccupée de vraisemblance que de vérité, et côtoyant à dessein la route de la loyauté pour mieux tromper.

C'est ainsi que le souci d'art, qui consiste à retrouver la finesse des sculptures sous la couche de peinture qui les épaissit — les statues comme les meubles anciens étant fréquemment peints — profite fatalement à nos modernes chineurs. Si nous en revenons à la sensation de « velours », si probante chez le vieux meuble authentique (et toutes boiseries), nous nous trouvons d'accord avec les fraudeurs qui n'ignorent pas cette particularité et s'efforcent d'en donner l'illusion. Ils battent leurs meubles, particulièrement ceux en chêne, à grands coups de matraque, des heures entières, afin d'émousser leurs arêtes, d'arrondir leurs angles, de taler et de cabosser leurs surfaces planes, de serrer les fibres du bois; ils s'efforcent, en un mot, d'exprimer l'astiquage séculaire, l'usure et les heurts du temps. Pourtant ils n'y arrivent guère, et ce ne sont pas les fins limages, ni les patients polissages au papier de verre, non plus que les applications réitérées de cire, qui donneront aux jeunes reliefs la douceur des anciens. De même il s'est formé sur les bois anciens une croûte adhérente, une sorte de crasse inimitable. Si vous écaillez un meuble ancien, il semble que vous attentez à ses molécules. Il n'est pas jusqu'au cristal de sa surface polie ou embue qui n'ait sa personnalité. Toutes ses poussières encore, sont séculaires, et le toucher ne se méprend pas, non plus que la vue, sur ces différentes particularités.

L'économie du bois, d'autre part, n'était pas la préoccupation de nos ancêtres, et un meuble imité dont le coût dépasserait, sous prétexte d'imitation, celui d'un meuble authentique, témoignerait d'un mauvais calcul. D'où un nouvel élément d'investigation : comment le bois a-t-il été dépensé ?

Nous trouvons-nous réellement en présence d'un plein bois ? A cet effet, examinons l'épaisseur du bois employé et principalement, à fleur des reliefs.

Les bois anciens (flottés ou non) étaient mal équarris. On ignorait la scie pour les découper, du moins la hache était-elle particulièrement en faveur, et les stries propres à la scie mécanique, ainsi que son mince débitage, en planches, en voliges, d'épaisseur et de largeur régulières, trahissent-elles l'industrie moderne.

Observons donc soigneusement la physionomie de ces bois qui doivent être chevillés, non collés et rarement cloués. Les sculptures aussi vont nous guider. Passe pour la naïveté de leur conception, mais encore faut-il que la facture de ces sculptures ait une certaine valeur technique. La main-d'œuvre chez les anciens était aussi peu coûteuse que la sincérité des artistes était grande, tandis que nos truqueurs — toujours pour les raisons d'économie précédente, subor-

donnée à l'intérêt du truquage — ne se soucient
guèrent d'y être de leur poche. Tant vaut le travail,
cependant, tant vaut l'illusion ; mais les temps sont

Fig. 84. — *Lampe de mosquée en verre émaillé*, par Brocart, à Paris, musée céramique de Sèvres.

durs, et la sculpture en gros, risque fort d'être démasquée.

Ainsi, l'examen attentif des sculptures et moulures — ces dernières souvent trahies par la vulgarité des calibres employés à leur confection, de même que les colonnes, colonnettes et balustres, portent fréquemment les traces indélébiles du tour — s'impose. Sont-elles taillées en plein bois, selon la pratique ancienne ? Efforcez-vous donc de découvrir le frauduleux placage sous la patine. Un doigt exercé dénonce le relief de la colle ou le creux du joint mal dissimulé. Quant à la facture de ces sculptures, vérifiez-en l'esprit, le style, ainsi que la qualité des instruments qui servirent cette facture. Concevez-vous un doute sur la représentation du sujet ? Courez au musée et parcourez les frises, chapiteaux et autres motifs visibles sur nos chefs-d'œuvre, pour vous faire une idée de l'époque dont votre meuble douteux se réclame.

Les sculpteurs en faux ne se mettent pas souvent en frais d'imagination, et leurs modèles sont banalement copiés ou démarqués. Cependant il y a des exceptions qui concernent essentiellement la riche clientèle, le prix de revient étant fatalement proportionné au prix de vente. La supercherie en vue du riche amateur ne saurait logiquement s'abaisser à l'enfance de l'art du truquage et, si elle emprunte souvent aux expédients élémentaires que nous examinons actuellement, nous lui réservons, dans la suite, une étude proportionnée à la qualité supérieure de ses artifices.

Mais nous n'aborderons que plus tard le chapitre de la fraude « choisie », car il faut dévoiler peu à peu les trucs du faussaire, en commençant par les plus classiques.

Ainsi raconte-t-on communément, la pratique soi-disant usitée par certains truqueurs, qui consiste à cribler les meubles de petits grains de plomb, à coups de fusil chargé avec de la cendrée, pour imiter les trous de vers.

Fig. 85. — *Théière et assiette en fausse porcelaine de Sèvres*, musée céramique de Sèvres.

Or, nous ne croyons guère à cette fusillade. Néanmoins, tout est possible, malgré l'excentricité du procédé, peu discret au surplus, et que des grains de plomb demeurés dans la matière s'empresseraient de trahir, alors qu'il est si facile d'imiter les trous de vers avec des coups d'épingle et autres outils pointus.

Mais là n'est pas, d'ailleurs, le moyen le plus familier

aux faussaires « qui se respectent ». Lorsque leurs meubles sont bâtis avec du bois vieilli sinon neuf, pour la facilité du travail de sculpture, ils fixent sur chacune de leurs parties, des vieux bois réellement piqués de vers, lesquels vers, prolongeant au bout de peu de temps, leurs galeries, viennent ruiner à ravir le bois intact, à la manière antique. D'aucuns préconisent à cet effet, l'exposition en plein jour, les parasites étant attirés plutôt vers la lumière; d'autres au contraire, préfèrent le séjour dans une cave.

On prétend aussi que l'on pourrit le bois en l'enterrant. L'humidité et un soigneux arrosage d'acide imprégnant la terre, arriveraient rapidement à corroder la matière ligneuse ainsi traitée. Mais, alors que nous souscrivons très sincèrement à cette pratique, lorsqu'elle concerne les œuvres de petite dimension, en bois, en pierre, en métal, nous ne lui accordons qu'un crédit limité en matière de meuble, à cause de la quantité et du volume des matériaux usités.

D'ailleurs, ces derniers maquillages, ceux qui s'adressent aux œuvres de petite dimension exceptés, et, de ceux-là nous reparlerons à propos des bibelots — sont plutôt enfantins et ne trompent guère que l'excessif « gogo ». L'économie du bois, la fraîcheur de son rabotage, la couleur de ses fibres mal dissimulée sous une hâtive couche de brou de noix, la grossièreté du travail de sculpture, etc., sont autant de trahisons faciles à confondre.

Si nous suivions cette pente, nous aboutirions à certaine fabrication en simili ancien, chère au faubourg Saint-Antoine. Nous voulons parler de cette pacotille vendue franchement pour moderne, à un taux qui excuse la laideur et le mauvais goût de son exécution.

Et pourtant, de même que nous gardons pour notre fin la description des fraudes les plus distinguées, le faubourg Saint-Antoine travaille à tous prix, et ce sont ses turpitudes que l'on met en avant, par dérision.

Le faubourg Saint-Antoine symbolise le dernier rempart de l'art du meuble, depuis l'expression la plus sommaire et la plus ingénue, jusqu'à la réalisation la plus savante et la plus « roublarde », malgré que les méfaits les plus fameux soient imputables au petit ébéniste anonyme, travaillant en chambre.

Bref, glissons sur la malice cousue de fil blanc des meubles soi-disant anciens, collés au lieu d'être chevillés et assemblés, et, après avoir souri à la prétention de ces bahuts, de ces armoires, qui voudraient se réclamer du xvie, du xviie siècle, etc., avec leurs bois fragiles et minces faits de plusieurs pièces raboutées, nous parlerons des placages.

Pour atteindre à l'épaisseur qui permettait autrefois des sculptures en plein bois, on a recours aux pratiques suivantes. On réunit plusieurs planches soit en les collant ou en les chevillant (ainsi que les statuettes précédentes). Ce procédé économise le bois d'une seule pièce, mais, d'autre part, le travail de sculpture demeure onéreux, alors que l'artifice du placage donne à très bon compte l'illusion du plein bois.

C'est donc le placage[1] qui réunit les suffrages de la fraude. Les reliefs sont rapportés, collés ou cloués, sur le bois, et ces reliefs, habilement incorporés à la matière, trompent l'œil avantageusement. Il y a des placages complets et des demi-placages, ces derniers sont là comme garantie d'une restauration supposée (ou véritable), on vous les fait complaisamment observer, au besoin.

En attendant que nous en arrivions au placage et au surplacage précieux, dont nous parlons, au chapitre suivant, nous dirons que le placage courant est le plus souvent débité à la machine. Il est alors sculpté ou comprimé. Sculpté, il se vend à la série, ses modèles soi-disant de style, sont *ne varietur* et d'une grossièreté qui s'explique par son bon marché et aussi par son travail à fleur de bois, aux reliefs bornés, car le placage doit être mince pour mieux répondre à son but d'adhérence. Si le placage est comprimé, sa minceur s'accentue en raison même des facilités de sa compression, de son estampage. Les modèles de

---

[1]. Durant tout le moyen âge les sculptures furent exécutées en plein bois, et les applications apparaissent à l'époque de Henri IV. Vers cette époque, le chêne et le noyer, jusqu'alors exclusivement employés à la confection des meubles, furent enrichis de panneaux de bois exotiques qui varièrent leur coloration et, l'économique placage dériva de cette luxueuse pratique.

ce dernier genre se vendent généralement à la série, et ils se ressentent d'une monotonie machinale.

Un autre moyen de sculpture machinal, fort ingénieux, est celui qui consiste à mouler le bois. On l'applique à sec et sans apprêt, sur un moule de fonte chauffé et, par pression incandescente, les reliefs et creux s'incrustent. Après quoi, les traces de brûlures s'effacent à la brosse, et il ne reste plus qu'un bois aux beaux tons bruns. C'est en somme une sorte de pyrogravure en relief et, d'ailleurs, on peut arriver à sculpter le bois aussi bien à la surface qu'à de grandes profondeurs, grâce à ce moyen.

Fig. 86. — *Faux vase antique grec.*

Mais ces pratiques sont le contraire du placage dont les moulures, dont les motifs d'ornementation courante sont à la disposition, à toute échelle, de la confection économique et banale pour habiller des bâtis et simuler la richesse du plein bois.

Nous ne devons pas ignorer la grossièreté et la vulgarité de ces derniers moyens auxquels, d'ailleurs, il est pour ainsi dire impossible de se tromper, car ils nous aiguilleront souvent, sur des pratiques similaires ou dérivées, d'une plus haute intention malicieuse.

Quant au vieillissement supplémentaire, il est confié aux soins du temps. Le meuble est livré au grand air où son bois joue, où ses lignes subissent de précieuses altérations, où ses creux recueillent de subtiles poussières, tandis que ses reliefs collectionnent les « gnons » profitables à leur douceur, concurremment avec des coups de matraque.

Au bout de deux ou trois années, il semble que le souvenir de la fraude s'estompe, et que la fraude même prend quelque allure de vérité, tant les truquages s'harmonisent entre eux sous le soleil qui fait craquer le bois ou bien sous la pluie qui le fait gondoler. Des dégradations imprévues surgissent, des moisissures et, si le bois provient de vieux matériaux[1], l'aspect de meuble antique n'en est que mieux servi. Ici, c'est un pied qui tombe en poussière, là un panneau dont un morceau saute, au hasard, comme si

---

1. Si les vieux bois de démolitions ne conviennent pas à la sculpture, les formes comme les moulures simples s'en accommodent volontiers. Mais les bois de démolitions sont particulièrement excellents pour garnir frauduleusement des dos, des intérieurs de meubles, armoires et autres, pour confectionner des tiroirs, des tablettes et rayons, pour servir de bâtis.

cela résultait de la décrépitude représentée par l'âge donné au meuble.

Nous avons dit avec quel empressement les réparations, intentionnellement visibles, étaient faites pour soigner le caractère de vraisemblance, mais nous n'indiquâmes pas le moyen amusant de chercher chicane aux piqûres de vers.

Les piqûres de vers véritables ou obtenues facticement, par contact, de la manière que nous avons dite, ont fatalement un sens de pénétration. Du moins cette pénétration ne se contrarie-t-elle pas, de haut en bas, de bas en haut, et, nos truqueurs pressés et ceux dont les meubles sont façonnés avec des bois piqués à l'avance, ne se préoccupent pas de cette particularité. Ils taillent dans une pièce, ajustant sans y prendre garde, deux pièces piquées des vers dans deux sens opposés et, même, il arrive souvent qu'une pièce coupée par le milieu, nous montre sans transition la grande tanière du parasite, avant le petit trou par lequel il s'introduisit. La démonstration du truquage, est ainsi bientôt faite. On ne saurait penser à tout.

Nous en arrivons aux maculations. L'usage d'un meuble entraîne de naturelles maculations, mais on peut aussi y aider.

Lorsque l'on n'est pas pressé, les meubles truqués sont traités, voire utilisés, sans ménagement, afin de leur donner de l'âge et de la pratique. Nous les avons vus pourrir dans des cours ou bien garnir des mansardes, avant d'aboutir à la boutique de l'antiquaire. Nous savons aussi les ressources des greniers inépuisables, et, nous noterons encore, que c'est à la fumée qui s'échappe de la hotte pittoresque des logis paysans, autant qu'à la générosité des chiures de mouches, que l'on doit les patines les plus heureuses; sans compter que l'urine des bestiaux à l'étable a souvent embelli maint bahut, grâce aux effluves ammoniacales.

En cas de presse, au contraire, il importe de simuler la détérioration, et, si le bois de la « vieille » armoire est neuf, à grand renfort de sable mouillé, énergiquement frotté avec une brosse dure, on obtient l'illusion d'un « vieillissement » suffisant, en somme, à la rémunération d'un truquage hâtif, de garantie minime, proportionnée, après tout, à la piètre importance du « connaisseur ».

Attention aux encrassements exagérés à l'entrée des battants de l'armoire, sous les tiroirs; ils peuvent résulter intentionnellement de l'apposition répétée de mains sales. Attention à la qualité des éclats du bois et à la façon de ses assemblages. Attention aux traces de colle forte et, ne vous arrêtez pas trop sincèrement à la foi des vieux clous, car c'est avec eux que les falsificateurs scellent leur bois neuf, à défaut des chevilles, plus logiques.

Attention au fonctionnement des tiroirs; dans les vieux meubles véritables, le fonctionnement des tiroirs est d'une douceur parfaite.

Si maintenant vous puisez dans votre collection de

vieilles ferrures —moins coûteuses que les neuves — vous trouverez aisément une entrée de serrure, des gonds, etc., dont vous parerez votre meuble en ache-

Fig. 87. — *Socle en céramique*, imitation de marbre (griotte, œil-de-perdrix), de métal (moulure de cuivre vers la base) et de marbre gris (base).

vant ainsi l'apparence d'une authenticité relative.

*Nota bene :* Les ferrures et les cuivres d'un meuble ne prouvent ni n'infirment, à coup sûr, son authenticité. Il se peut que de vrais meubles aient été maltraités, de propriétaire en propriétaires. De grossières erreurs de style — des poignées de tiroir Louis XIV sur une commode Louis XVI (*fig.* 50), par exemple — ne sauraient sûrement nous déconcerter, mais cependant il est rare que les fraudeurs se donnent la peine de mettre des cuivres authentiques sur de faux bois et réciproquement.

Ces cuivres, d'autre part, de même que les ferrures, subissent, lorsqu'ils ne sont pas anciens, des préparations curieuses. On les oxyde, on les rouille, et au surplus, pour masquer les traces de lime et les bavures du métal imparfaitement ciselé, on les frictionne avec du sable qui raye la matière sous les dehors d'un nettoyage exclusif.

Des restes de vert-de-gris, des traces de rouille, suffisent encore à l'illusion du passé, qui se trouverait cependant fort offensé d'être économiquement représenté par des procédés de fonte (au lieu d'être sculpté, forgé ou repoussé à l'outil) par des dorures chimiques en place d'or véritable.

Nous retrouverons d'ailleurs, ce subterfuge, lorsque nous parlerons des bibelots et pièces en métal et, pour terminer ce chapitre, nous indiquerons d'autres tours de main frauduleux relatifs au bois. On vieillit aussi le bois en employant une teinture d'écorce de noyer bouillie (en place de brou de noix), et les pores du bois peuvent être resserrés à l'aide du brunissoir. D'autre part, répétons que les acides, notamment l'acide nitrique, altèrent consciencieusement la surface du bois et sachons que l'on imite aussi les trous de vers à la machine.

Aussi bien, de la boue passée à la brosse dure dans

les reliefs de la sculpture qu'elle risque d'adoucir, simule la poussière et la crasse, et, le permanganate de potasse a la propriété de teindre dans le goût ancien.

N'oublions pas, enfin, que nos ancêtres ignoraient l'usage de la vis dont nos meubles de pacotille sont si friands. Du reste, nous nous efforçâmes en ce chapitre, de demeurer élémentaire, car nous aborderons par la suite, des « trucs » et pratiques autrement subtils. Pour l'instant, le remède à l'erreur s'efface devant une grossièreté de truquage générale. Les yeux sont dessillés par l'ingénuité de la fraude et, néanmoins, il fallait passer en revue toutes ces manipulations primaires avant d'aller plus loin. Or, il est piquant de constater que nos pères avaient les mêmes moyens que ceux que nous prétendons mettre au service de l'artifice. Ainsi le brou de noix, la feuille de noyer, leur étaient familiers pour la teinture de leurs meubles. De même le vernis et l'huile de lin — précurseurs du velours que nous constatâmes au toucher — présidèrent à la présentation esthétique de leurs meubles. Cela n'a pas empêché certains ébénistes fallacieux de nous servir des meubles en bois naturel, de style ancien, soi-disant. Bref, pour l'instant, le désir d'économie borne la beauté du faux à l'aspect, à l'illusion instantanée, et ici, le faux est carrément faux : seul le bois employé — et encore en certains cas — est vieux.

C'est l'enfance de l'art du fraudeur, en même temps que le futur amateur fait ses premières armes; nous allons maintenant achever son éducation, aborder d'autres déceptions, celles-là plus aiguës, autant au sens du goût qu'à la bourse, la grande fraude vivant sur un plus grand pied que la petite, au gré des ambitions, sinon des prétentions supérieures.

## CHAPITRE IX

### Les faux meubles (*suite et fin*)

Quelques renseignements sur les bois et l'artifice auquel on les assujettit, préluderont à ce chapitre.

Les œuvres de sculpture les plus anciennes, remontant au moyen âge, ont été taillées dans le précieux bois d'if concurremment avec le chêne et le noyer de teinte brune, et vouées, sans coloration (nous avons signalé cette faute des ébénistes), aux décorations genre moyen âge. Ce même bois ainsi que l'acajou et l'orme, est employé généralement pour le placage. L'aune, coloré en noir, imite convenablement le poirier qui, lui-même, se teint parfaitement en noir pour imiter l'ébène. Teint en noir et poli, le marronnier joue également l'ébène. La sécheresse du hêtre se corrige par une couche de couleur et, en revanche, ce bois qui permet les audacieux contours, reçoit aisément la dorure. L'érable sycomore n'est pas moins favorable à la marqueterie qu'au truquage de luxe.

Les bois de poirier et de buis se prêtent volontiers au tour.

Les bois flottés, particulièrement résistants, défient les piqûres de vers ainsi que le bois de tilleul. Le bois de houx imite frauduleusement l'ivoire.

On pourrait ajouter que, soigneusement passés au brou de noix, teints ou peints, nombre de bois vernis huilés, encrassés, fortement cirés et encaustiqués donnent l'illusion des bois les plus rares et, ici encore, nous ne devrons pas nous laisser surprendre. L'étude des nervures, du grain du bois, s'imposant davantage que celle de la couleur, qui s'obtient artificiellement.

Mais passons et, avant d'aborder les pratiques les plus raffinées de la fraude en matière de meuble, nous répéterons que l'indice le plus sûr de leur caractère apocryphe est leur économie, la camelote qui les compose, leur grossière main-d'œuvre.

Aux temps anciens, on ignorait le bon marché et, les meubles ne pullulaient pas comme aujourd'hui. Des artistes ébénistes les dessinaient, les fabriquaient, tandis qu'aujourd'hui, le commerce les exécute par centaines, d'après un modèle banal, avec des matériaux sans valeur.

Si l'on se retourne ensuite vers les beaux meubles modernes, ils valent aussi cher, sinon plus cher que les beaux meubles anciens. Neuf fois sur dix, même, le bon connaisseur acquiert à bas prix des pièces de style ancien dont il n'obtiendrait la copie qu'à des prix élevés.

Économie du bois, économie du fer, autant donc de mauvaises augures. D'ailleurs, en ce qui concerne les ferrures, pentures, serrures, etc., les fraudeurs ont tout bénéfice à se les procurer au marché de la ferraille et dans les campagnes, car, outre qu'ils ne pourraient tromper aussi facilement avec des garnitures modernes, ces dernières seraient fort coûteuses à établir, les ouvriers serruriers d'aujourd'hui ayant perdu leur qualité artistique au fur et à mesure que leurs salaires augmentaient.

Au surplus, comment exprimer la naïveté d'autrefois, ou bien — ce qui est plus fréquent — comment approcher des merveilles de la serrurerie ancienne! Peut-être y arriverait-on encore, car quelques rares artistes s'adonnent encore au travail du fer forgé (et

Fig. 68. — *Statuette en terre émaillée*, genre Bernard Palissy, par Pull, musée céramique de Sèvres.

ce sont ceux-là qui souvent concourent, inconsciemment, aux riches truquages), mais, répétons-le, à quelles conditions!

Fer battu, mal soudé, fer estampé, métal mince, découpé à l'emporte-pièce, fonte sans finesse, autant de trahisons qui marchent de pair avec les bois sans épaisseur et les vulgaires placages. Toutes ces ferrures, genre ancien, manquent de pittoresque; elles confondent cette qualité avec la grossièreté et, leur manque de solidité due à la parcimonie de la matière, est criante.

Mais dénonçons des pratiques plus relevées. Nous avons vu les placages communs, au tour maintenant des riches contre-placages. Il ne s'agit point encore des placages frauduleux, mais ceux-ci les préparent. On appelle contre-placages des applications de bois précieux (palissandre, ébène, acajou) sur une feuille de bois de choix préalablement appliquée sur un bâti. C'est en somme une sorte de marqueterie, sinon l'opération même de la marqueterie[1].

Nous savons qu'après la Renaissance ce moyen de beauté fut en faveur, et nous allons assister à un renouveau de ce genre d'ébénisterie, mais, cette fois, dans le domaine du truquage de prix.

---

1. Attention aux fausses marqueteries exprimées à l'aide de la pyrogravure qui, sur un même bois, simule, du bout de sa pointe incandescente, des dessins peints ensuite à la couleur de bois différents.

Plus nous avançons, en matière de meuble, plus l'intention de tromper coûteusement s'accuse.

Voici que nos fraudeurs vont mettre maintenant à contribution leurs ruines. C'est-à-dire que les vieux chiffonniers en bois de rose et de violette chers aux époques Louis XV et Louis XVI, que les débris d'horloges et de commodes de Boulle, que les marqueteries endommagées, achetées à vil prix, serviront à des résurrections de pur style.

C'est l'art d'accommoder les restes. Il ne s'agit plus, n'est-ce pas, de faire du faux, la manœuvre est plus subtile ; le tour mieux joué se paie davantage, et le marchand n'est pas tout à fait un filou, puisque vous n'êtes point tout à fait volé.

Le travail, d'ailleurs, est fort délicat : il faut recueillir soigneusement, lame par lame, les précieuses marqueteries et les coller après, sur des carcasses neuves. L'incorporation de la matière rare au support, réclame tout un art que renchérit encore le choix de l'habillage métallique.

Chutes, rinceaux, galeries, entrées de serrures, poignées de tiroirs, sabots, frises, etc., sont réquisitionnés dans l'amas des bronzes et cuivres anciens précieusement recueillis, à moins qu'ils ne sortent fraîchement de chez le ciseleur du coin. Ainsi parés, nos secrétaires, nos bonheurs-du-jour, recevront une tablette de marbre découpée sur mesure dans une vieille plaque de marbre authentique ou soigneusement jaunie et, lorsqu'une légère couche de crasse et de poussière aura harmonisé le tout, calmé l'éclat des cuivres dorés et embué les marqueteries, nos meubles « de style » seront prêts à être vendus.

Ce sont ces mêmes truqueurs qui feront sculpter, à grand renfort de motifs et de moulures, les panneaux simples d'une armoire ancienne, afin de pouvoir la vendre plus cher (*fig.* 52 *et* 53). Une couche de peinture sur l'ensemble pour raccorder le tout, un nettoyage général à la potasse, et les sculptures modernes, d'ailleurs finement exécutées, feront partie intégrante de l'armoire ancienne.

Retenir ce genre d'embellissement qui s'adresse aussi bien aux fauteuils, chaises, tables et tous objets en bois, qu'aux étains, cuivres, etc. Comment maintenant démasquer la fraude ?

En ce qui concerne le placage, on devra s'efforcer d'apercevoir, sous la marqueterie, la couleur et la qualité du bois sur lequel elle repose. Le plus souvent, les bâtis anciens, en bois blanc et plutôt en sapin, tombent en poussière aux endroits où les vers les ruinent. Ils sont généralement ravagés par ces rongeurs, qui aiment les épaisseurs et peuvent davantage « travailler » à l'ombre des placages.

Les bavures de colle relativement fraîches, les encrassements factices aux joints des bois appliqués, peuvent encore trahir la fraude ; il est vrai que les rafistolages trop visibles de la soi-disant restauration, sont là pour faire valoir les parties d'apparence ancienne, et que le marchand n'hésitera pas, au contraire, à opiner du bonnet, lorsque vous dénoncerez un morceau douteux. Vous aurez mis précisément le doigt sur la partie restaurée... mais le reste n'en est que davantage authentique.

Fig. 89. — *Poterie émaillée*, genre Bernard Palissy, par Avisseau Père, musée céramique de Sèvres.

Il y a cependant un critérium : l'intérieur du meuble. Tiroirs dont les assemblages sont fraîchement coupés, bois excessivement passé au brou de noix : dessus, dessous, bords et rebords : clous neufs ou de rouille récente, chevilles neuves : traces de mastic dans les fentes du bois, etc. Malheureusement, si vous relevez ces indices

13

mensongers, le vendeur peut très bien ne vous garantir que l'extérieur du meuble... et vous voici encore refait.

D'autre part, comment dévoiler l'artifice de l'embellissement rajouté aux véritables meubles anciens?

Cette fois, votre flair peut être éveillé par votre goût. Les marchands en toc n'ont pas toujours réfléchi que la grande simplicité des meubles est leur beauté propre. Ils s'imaginent à tort que l'exagération des ornements augmente cette beauté, et ils ignorent le mérite de la sobriété, aux lignes majestueuses.

Comptons donc sur le mauvais goût des complications décoratives, mal en rapport avec certains styles, d'abord. Ici, telle colonne torse ne nous dira rien qui vaille ; là, tel pied lourdement empâté nous choquera. Ces panneaux compliqués, ces bandeaux déchiquetés, ces tabliers aux fioritures mesquines, enfin, nous laisseront sceptique. Et, de fait, l'harmonie austère de ce meuble est faussée, les grands volumes en sont altérés; il y a un je ne sais quoi, un joli, duquel on ne peut être dupe et, décidément, ce ne sont pas les cachets à la cire rouge, savamment indéchiffrables ou à l'état de traces sur certaines parties du meuble interrogé, qui nous feront revenir sur notre opinion.

Ces cachets, à vrai dire, jouent le dernier atout du marchand en détresse, de même ces signatures effacées, façon Riesener. Qui veut trop prouver ne prouve rien ; c'est l'aveu de la moindre moulure grecque se suffisant à sa simplicité et de ce pur balustre, auquel des fleurs inopinées voudraient apporter une grâce dont il n'a que faire.

Mais où se borne l'artifice? Il a inventé l'arrachement, qui donne aux boiseries un aspect de vraisemblance extraordinaire. Derrière une cheminée en bois, derrière un lambris, on a laissé des traces de clous et de plâtre mêlées à quelque lambeau de la feuillure dans laquelle ils s'encadraient.

Notez que cet arrachement peut être authentique, mais n'oubliez pas qu'il est dangereux de s'y fier excessivement ; il serait si facile de le faire disparaître, il importe si peu d'en référer à lui, lorsque la cheminée et le lambris parlent éloquemment. Or, cet arrachement concerne aussi la tapisserie des fauteuils, canapés, bergères et chaises. Pour authentiquer le faux bois d'un siège, on le recouvre ni plus ni moins d'une étoffe d'apprêt que l'on déchire ensuite, au ras de la carcasse. La trace des clous[1] et de la tenture rase, inspire dès lors, une confiance illimitée.

La tenture de ces sièges était tellement détériorée par les ans que l'on dut l'arracher et, d'ailleurs, on n'acheta que les bois qui ont, au reste, souffert de recouvrages successifs. Aussi bien le boniment de l'antiquaire est suspect et, tant vaut le galbe du fau-

---

1. S'il n'est pas de faux bois ancien qui ne porte des traces de clous arrachés ou brisés afin de faire croire à de successifs recouvrages, il n'y a guère de meubles dépourvus d'étiquettes de chemin de fer. Mais « a beau mentir qui vient de loin », que ces étiquettes ne nous égarent pas plus que de raison.

teuil, du canapé, la finesse de ses sculptures, la qualité de son bois, tant importe la présentation, affirmative ou négative.

Notez que l'antiquaire malhonnête n'est jamais à bout de ressources. Il lui suffit d'avoir un pied d'authentique sur trois, pour faire un trépied ancien et, avec une console de style (*fig.* 54), il construira, par exemple, deux consoles (*fig.* 55). Dès lors, il n'a point tout à fait tort de nous garantir son truquage. Avec un panneau d'armoire, il édifie une armoire entière; avec un vieux bras de fauteuil et un bout de moulure non moins vieille, il construit tout un fauteuil, et vous n'auriez pas complètement raison de crier au faussaire !

Goûtez l'art encore, avec lequel on dédouble une armoire ! Dieu sait combien ces armoires, au xvii$^e$ siècle, étaient vastes, et ne faut-il pas rentrer dans le cadre des appartements modernes? Alors on coupe tout simplement une armoire en deux, et voici deux armoires avantageusement présentées, naturellement avec une partie fausse, chacune.

C'est ainsi que l'on procède aussi pour les fauteuils, les tables, etc., et, quant aux bergères et fauteuils (*fig.* 63), rien n'est plus simple que de les transformer en canapé (*fig.* 64), si, les ayant sectionnés au milieu, vous placez entre les bras, un corps ou bâti qui les éloigne à chacune des extrémités. Soigneusement sculpté dans le style des côtés de votre bergère, bien réassorti au bois de ces côtés, passé ensuite au brou de noix, l'ensemble de votre canapé n'est plus équivoque.

Allez donc suspecter pareille fraude! L'achat est alors une question de confiance, à moins que le lésinage des sculptures rapportées, à moins que le bois trop neuf ou les raccords mal finis ne servent le hasard.

Si le canapé est doré, cependant, il nous reste un sérieux espoir. On n'a pas réussi encore à vieillir les dorures genre xviii$^e$ siècle; celles-ci, en or fin passé à la feuille, étaient épaisses, et leur titre était inhérent à cette épaisseur qu'il faudrait alors reconstituer. Nos ors économiques, nos mixtures chimiques de cuivre, reproduisent à la rigueur les vieilles dorures de la Renaissance, mais la patine des ors du xviii$^e$ siècle échappe au brigandage moderne.

Fig. 90. — *Faux biscuit de Saxe*, vulgaire porcelaine peinte et dorée.

Rejetons-nous sur la qualité de l'or employé, du moins sur le peu qu'il en reste, car, toujours malins, nos contrefacteurs ont plutôt recours à des couches d'apprêt de couleur blanche fortement écaillée, au point qu'il ne reste guère d'éléments d'analyse. Si même un vestige de dorure subsiste sur le bois, il risque fort d'être un faux témoin.

« N'avouez jamais » est la devise des faux meubles ; le doute doit profiter à l'accusé.

Au fond, la beauté de la façon guide encore et toujours vers la vérité. Les marchands veulent trop gagner et l'acheteur est exigeant. Ainsi vous n'achèterez jamais pour un meuble de Boulle, une quelconque pendule où l'écaille et le cuivre s'assemblent au petit bonheur. Non, l'exécution véritable de Boulle est méticuleuse et somptueuse. Et puis, si vous saviez la provenance hétéroclite de cette pendule de Boulle, soi-disant (*fig.* 67), dont le cadran, marqué d'un nom superbe, n'est qu'une menteuse façade accolée à un vieux mouvement acheté d'occasion au marché à la ferraille, dont la boîte n'est un rafistolage d'éléments anciens et neufs sur lequel une petite main a laborieusement collé des arabesques de cuivre taillées à l'emporte-pièce sur du celluloïd ! Vous en doutez ? Jetez plutôt sur cette simili-écaille rouge, sur cette écaille en gélatine, une goutte d'eau et elle gondolera.

Voyez, au surplus si, selon la manière de Boulle, ces écailles reposent bien sur un fond de cuivre. Attention toujours au sabotage économique ! Contrôlez la variété et l'originalité des dessins, pour voir s'ils ne sont point de simples copies empruntées à des recueils connus. N'oubliez pas que le bois de houx joue avaricieusement l'ivoire et que la nacre, la corne et l'ivoire doivent être véritables s'ils veulent sincèrement nous sourire. Ne perdons pas de vue que les bons pastiches coûtent excessivement cher et que d'ailleurs, le travail de l'ébéniste moderne ne peut atteindre aux chefs-d'œuvre du passé.

Nous en trouvons la preuve dans cette production intensive de copies incapables de lutter avec leurs modèles, émanant tout au plus d'ouvriers propres à des restaurations et autres fallacieux trafics de raccordements, de réparations, de rafistolages, à la mode du jour.

Et l'Italie, et l'Allemagne, et l'Espagne continuent à nous inonder de leurs spécialités séculaires, concédant toujours à la camelote pour répondre à la soif de bon marché ; faillissant toujours au beau dont ces professionnels du mensonge semblent avoir perdu le souvenir.

Que de cadres douteux ; que de glaces trompeuses ! Et ces dessus de portes, ces trumeaux soi-disant de Boucher ! Ces cadres dont un coin authentique décida de la confection du cadre tout entier ! Et ces vieilles glaces, ingénieusement coupées, si elles sont de certaine importance, afin de pouvoir les attribuer aux époques antérieures au procédé du coulage qui permit de réaliser les grandes dimensions.

Ces vieilles glaces dont l'étamage est avarié soit par le temps lui-même, soit grâce à des appositions patientes au long des murs humides.

Et l'on s'imagine la course de l'antiquaire achetant à la fois, dans ses randonnées en province et à l'étranger, les vitres brisées qui ont pâti aux vieilles croisées, les glaces au tain défaillant, les vieilles tuiles et lames de parquet, toutes les vieilleries enfin, qui, un jour ou l'autre, prêteront quelque vérité à tant d'artifices imprévus.

Antiques trumeaux et dessus de portes, vous recevrez une glace ou un « Boucher » au choix, et, le contenant fera passer le contenu ; vitres irisées ou joliment décomposées en vert bouteille, vous garnirez les croisillons de telle fenêtre ou bien la portière de telle chaise à porteurs truquée ; quant à vous, vieilles tuiles, vous témoignerez d'une vétusté artistique, sans détour cette fois, en recouvrant un chalet aussi rustique que moderne. Notez que l'ensemble de ces préoccupations ne laisse pas d'être idéal, mais c'est l'intention captieuse qui ne l'est pas. Au reste, il entre tant de snobisme dans certaines préoccupations esthétiques, que certains marchands semblent absous par la seule qualité d'art qu'ils servirent. Ils excellent dans ces « arlequins » servis à la clientèle lorsque les copies, les restaurations, les pastiches, les reconstitutions et les faux ne lui suffisent plus. Il y a même un moment où, à force d'avoir réuni avec goût des sommes de beauté, une beauté harmo-

## LES FAUX MEUBLES 225

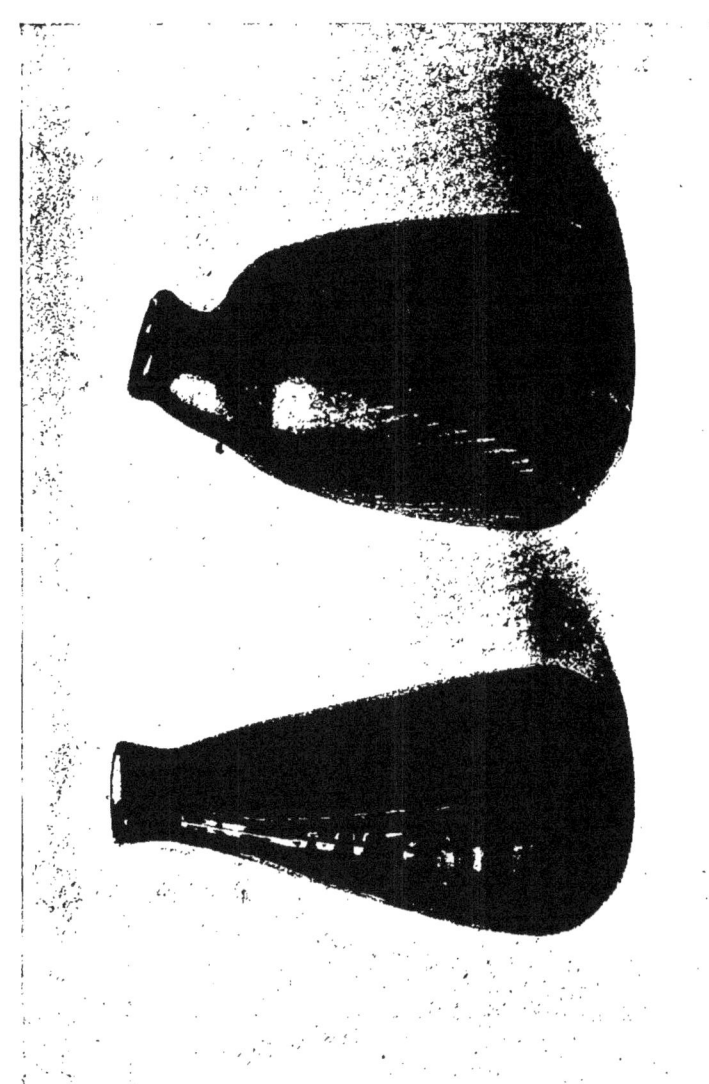

FIG. 94. — *Grès coréen* (antérieur au XVIᵉ siècle) et *grès moderne de Jean Carriès*, musée céramique de Sèvres; même matière, coloration et formes analogues.

nieuse se dégage, et il ne faut pas médire des « arlequins » artistiquement composés.

Aussi bien on inventa les meubles « bretons » pour excuser une fantaisie de décor baroque dans une construction simplement pittoresque. Ces meubles bretons ne sont point de style breton ils n'appartiennent à aucun style, ils sont simplement « amusants ». Leurs sculptures sont lourdes et gauches, taillées au petit bonheur, leur bois est grossièrement équarri mais, l'ensemble de ce bric et de broc massif, a bon air sans prétention, sous sa patine chaude. *Nota bene:* Les meubles dits bretons (*fig.* 72 et 73), sont modernes — du moins ceux que nous représentons ici — et, leur ruse est en rapport avec leur simplicité.

Nous en avons terminé avec l'étude du meuble, à travers ses falsifications, mais les antiquaires sans foi poursuivent eux, leurs artifices ; il est vrai que ces artifices tournent toujours dans le grand cercle que nous venons de dessiner.

D'ailleurs, ces artifices ne peuvent guère échapper, même en leurs nouveautés ingénieuses, au réseau formé par tous les truquages à la fois, et nous n'avons pas encore épuisé notre matière.

## CHAPITRE X

**Les fraudes du métal : cuivre, étain, or, argent
La fausse céramique. — Les faux silex, etc.**

Pour ne pas errer en matière de métal, il importe — de même, répétons-le, que pour toutes autres expertises — d'en connaître les phases, ressources et métiers jusqu'à sa réalisation.

C'est ainsi que le poids d'un bibelot en métal ou bien sa légèreté, édifient déjà sur sa valeur intrinsèque ; c'est ainsi que l'observation du décor qui orne ce bibelot, renseigne sur la richesse de sa ciselure ou bien, tout simplement, sur la vulgarité de son estampage. Certes, le bibelot peut être « fourré », et son pur métal, encore, mésallié avec un plomb vil, trompera sur la qualité du poids; ou bien il peut s'agir de bronze doré en place d'or, et l'argent non plus, n'échappe pas à un revêtement illusoire. L'épaisseur du métal d'ailleurs, guide très sûrement sur la provenance ancienne, à cause, toujours, de notre camelote moderne et, les soudures plus ou moins délicates, les fontes plus ou moins soignées, la rareté de la main-d'œuvre; sont autant d'examens essentiels et méticuleux. Le contrôle des poinçons, d'autre part, est bien trompeur, il ne nous reste au résumé, qu'à compter sur la force de nos connaissances. Nous avons indiqué précédemment, le mode de l'acide et de l'enfouissement, pour patiner le cuivre à l'égal de ses ancêtres. Nous indiquerons ensuite, après l'oxydation provoquée par une association de sel marin et d'ammoniaque, les vapeurs de soufre, fertiles en beaux embus irisés, les nobles désagrégations du métal par les acides chlorhydrique et sulfurique; sans oublier les ressources superficielles d'un mélange de noir de fumée et d'essence de térébenthine qui, en se glissant dans les creux, donne quelque apparence de l'ancien. Mais, comme le noir de fumée ne résiste pas à un léger nettoyage, on l'a remplacé avantageusement, par du vernis noir qui, vigoureusement frotté sur les reliefs, s'écaille, tandis que les creux le conservent.

On voit d'ici les méfaits propres au cuivre, sinon à tous les métaux, susceptibles, chacun, d'une supercherie analogue. C'est ainsi que l'étain se patine sous la simple friction d'une gousse d'ail, soit encore avec du noir de fumée et, de façon surtout remarquable, grâce au beurre d'antimoine plus ou moins dilué à l'eau, selon les degrés du vieillissement à obtenir. L'or et l'argent, d'autre part, connaissent notamment l'action déroutante de l'oxydation au sulfure de carbone. Toutefois, en ce qui concerne l'orfèvrerie, la vieille argenterie française et même les vaisselles d'or, elle a été fondue toute ou presque, sous le règne de Louis XIV et, dès lors, nous

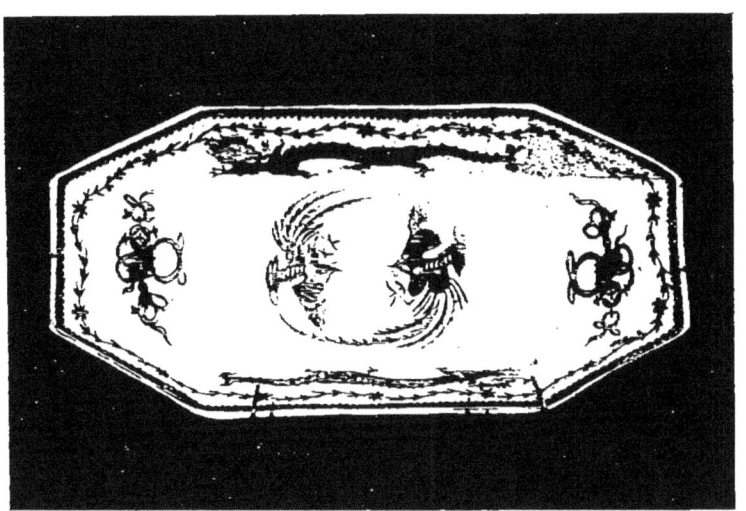

FIG. 92. — *Ravier en fausse porcelaine de Chantilly* (il est surdoré).

voici prévenus d'une rareté qui nous met initialement en défiance.

Avant de parler des métaux riches, nous reviendrons au cuivre et à l'étain dont il nous tarde de dévoiler les malicieux truquages. Ces truquages (dont les minces bibelots en argent et en or ne sont pas exempts) sont d'une nature spéciale ; ils ne s'attaquent qu'aux formes réellement anciennes ; ils équivalent, en somme, à ceux que nous désignâmes au meuble, sous le nom d'embellissement.

C'est-à-dire que les formes simples du passé reçoivent, à la résingle, au repoussé, c'est-à-dire en relief, ou bien à plat, au burin, des ornements et des écussons qui les enrichissent. Il s'ensuit que, à la faveur de cette pratique, le client est trompé, d'abord sur la provenance et l'époque de ce qu'il achète, des chiffres faux authentiquant l'aiguière, le broc, la fontaine, l'assiette, etc., au petit bonheur, et, qu'enfin, il paie ces objets le triple de leur valeur.

Gare donc à la qualité des dessins rajoutés (*fig.* de 74 à 77)! La fraîcheur de leurs entailles et des coups de matoirs ainsi que la couleur de la patine, doivent être soigneusement analysés ; déjà, comme pour les meubles, nous serons prévenus par le mauvais goût et la lourdeur des détails que le marchand substitua à la sobriété des lignes.

Le surmoulage, de même qu'en matière de sculpture proprement dite, est aussi un élément de contrefaçon dont il faudra nous méfier dans le métal, des pièces entières pouvant être faussement reproduites et aussi des morceaux rajoutés et des gravures.

Les encrassements, les couches de terre, d'intelligentes bosselures, savent à point cacher l'artifice des soudures que nous nous ferons un devoir de rechercher.

Il ne faut pas oublier encore, que les beaux cuivres

d'antan étaient dorés. Exigeons donc cette dorure et surtout ne la soumettons pas au vandalisme des pâtes à nettoyer, qui auront tôt fait d'arracher à nos flambeaux, à nos appliques, leur délicate parure. Pour le reste des fraudes relatives au métal commun, nous renvoyons le lecteur aux ornements métalliques du meuble.

Nous flétrirons au passage, les vilains bronzes du commerce — si bien imités d'ailleurs par les métallisations du plâtre — les lourds produits déversés par les grands magasins et les bazars orientaux. Ces japonaiseries de pacotille et autres turqueries dont l'exécution gauche n'a d'égale que la banalité des formes et du décor.

Ces plats estampés à figures peintes, ces veilleuses à cabochons, issues de l'emporte-pièce, dont l'illusion de mauvais goût voisine avec ces imitations de statuettes en bois et ivoire, avec ces gargouilles en carton-pâte que les petits Italiens vendent sur les ponts, au passant ingénu.

Dans notre réprobation du « toc », nous engloberons pareillement les ouvrages féminins, en métal repoussé, ciselé, qui n'ont d'autre intérêt que celui qui leur est prêté et, d'ailleurs, il faudrait être naïf pour confondre ces pièces factices avec de véritables. Non, jamais ces minces feuilles d'étain ou de cuivre collées sur des formes résistantes, ne pourront nous illusionner, avec leurs reliefs bourrés de pâte ou de fibre! Il en est fort heureusement de même de ces poudres d'or, d'argent, de bronze, qui noircissent si vite pour avoir voulu briller si excessivement. Le vrai est le vrai, décidément, comme le faux est le faux.

Bref, du côté de l'argenterie, on truque aussi bien les poinçons que les marques du maître orfèvre, et les ornements qui parent les gobelets, les théières, ont été très souvent rajoutés, tout comme aux simples étains et cuivres. On va même jusqu'à authentiquer des récipients modernes, en leur soudant un fond régulièrement poinçonné, du vieux temps ! Et, quant à retrouver les titres de l'ancien alliage, soyez persuadés que nos habiles faussaires n'y manquent pas.

Avant la fin du XVIIIe siècle, le titre des orfèvres de Paris était de 959 millièmes pour l'argent, et, de nos jours, le premier titre de l'or est de 920 millièmes avec tolérance de 3 millièmes (tête de médecin grec dans un poinçon à huit pans et numéro 1 placé devant le front); le deuxième titre de 840 millièmes avec tolérance de 3 millièmes (possession de forme ovale coupée, même effigie que le précédent, avec le numéro 2 placé sous le menton) et le troisième titre de 750 millièmes avec tolérance de 3 millièmes (poinçon à 6 pans, même profil que les précédents, avec le numéro 3 placé devant le nez).

L'argent, lui, est actuellement au premier titre, de 950 millièmes avec tolérance de 5 millièmes (tête de Minerve, poinçon à 8 pans irréguliers, numéro 1 devant le front, déférent sous le menton), et au deuxième titre, de 800 millièmes avec tolérance de

5 millièmes (tête de Minerve ovale coupé, numéro 2 sous le menton).

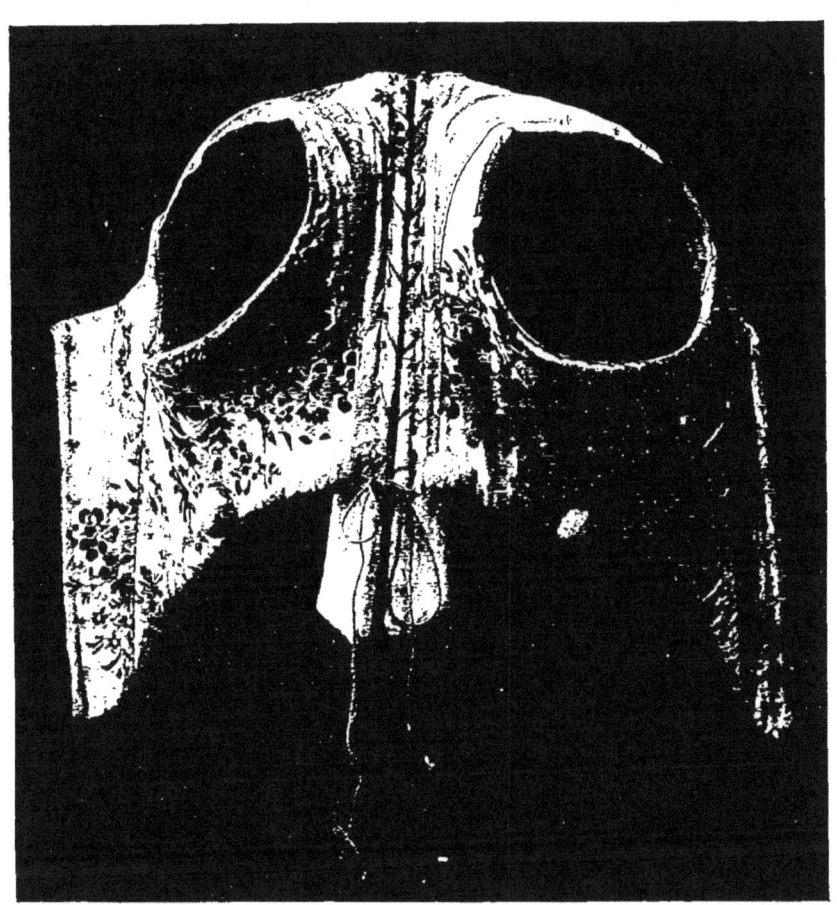

Fig. 93. — *Corselet Louis XV*, imitation d'étoffe et de confection anciennes.

Quant aux poinçons de l'or et de l'argent, ils sont dits de remarque et d'importation ; mais il est d'autres marques auxquelles le lecteur se référera s'il désire approfondir cette étude qui nous entraînerait trop loin dans notre quasi-encyclopédie de la fraude. Aussi bien nous répéterons que ces poinçons modernes diffèrent des anciens (ils ne datent que de 1835) et que l'intérêt du passé se rattache plutôt à l'estampille des maîtres, plus ou moins bien imitée, hélas! par les faussaires.

L'ignorance, néanmoins, de ces faussaires, trahit leurs meilleures intentions et, le plus souvent, les initiales d'un orfèvre ancien ne coïncident pas avec la date qui les souligne ; de même, au cours de leur fabrication, les maîtres orfèvres du passé changèrent parfois de poinçon, et les truqueurs pressés ne peuvent guère tromper, sur ce point, que les acheteurs aussi pressés qu'eux.

Pareillement ils oublient le poinçon de décharge, sorte de laisser-passer définitif de la pièce, car ce dernier poinçon, généralement dissimulé, échappe à leurs investigations.

Autres erreurs : ce sont les poinçons, légèrement effacés au lieu d'être très nets, qui trahissent les opérations du moulage au lieu de la frappe ; c'est l'emploi mal renseigné de la roulette, que la fin du XVIII$^e$ siècle connut seulement et celui de matoirs dont la finesse n'approche point de ceux d'antan.

Et nous ajouterons à ces déboires, ceux que nous causent les orfèvreries étrangères marquées de poinçons français, grâce à de patients démarquages, les pièces coulées et rééditées à grand nombre d'exemplaires d'après des moulages et surmoulages, sans oublier certaines profitables transformations — des cuillers devenant des fourchettes, par exemple, — qui permettent de ne pas toucher aux poinçons authentiques, tout en augmentant le nombre des fourchettes, plus important dans un service d'argenterie.

Additions d'ornements, transpositions, autant de préoccupations que nos truqueurs n'hésitent pas à garantir au moyen de poinçons fallacieux, tout comme les marchands de tableaux et de meubles ne reculent pas devant la « bonne foi » d'une signature erronée.

Et voici nos truqueurs-orfèvres à la chasse des argenteries de famille ou bien ils font faire ces précieuses pièces « de famille », soit en France, soit à l'étranger, les ramenant, en ce dernier cas, triomphalement, les vendant « sous le sceau du secret », à condition de gratter les blasons, les anciennes initiales... qui sont de leur fabrication...

Mais nous terminerons le chapitre de l'orfèvrerie lorsque nous parlerons des bronzes et des médailles, et, pour poursuivre la contrefaçon des bibelots, nous aborderons la céramique artificieuse.

Ici, la fraude est des plus difficiles à découvrir, d'autant que les fabrications excellèrent à se falsifier entre elles. Initialement, les fameuses majoliques italiennes prêtèrent à de nombreuses imitations en raison de leurs défauts mêmes : manque de variété des formes, monotonie de la couleur, lourdeur de la pâte et, avec les progrès de cuisson et de décor, les meilleures faïences et porcelaines connurent aussi les déboires de l'inauthenticité.

Lorsque les fours s'éteignirent à Rouen, les produits célèbres de cette ville furent copiés à Sinceny, Quimper, Lille, Nevers, et à Anspach et à Pavie, à l'étranger. A Nevers, d'autre part, on imitait les produits italiens de Savone, d'Urbino et de Faenza, sans oublier sur la fin, ceux de Meissen et de Moustiers. Cependant, on observera — en ce qui concerne les pastiches de Rouen — que Nevers dut remplacer — faute d'avoir pu l'exprimer — et de même Moustiers, le beau rouge de fer propre au Rouen, par un jaune.

C'est d'autre part le Nevers et le Moustiers copiés à Marseille qui, de son côté, imite les décors de Saxe ; c'est Strasbourg inspirant Sinceny, Niederwiller, etc.

Bref, en matière de céramique[1], répétons-le, tout n'est que confusion, et les plus malins s'y trompent.

Mettons que les faux Bernard Palissy sont faciles à reconnaître lorsque l'on y observe les marques du tour du potier, ces marques étant au moins imprévues sur des plats modelés à la main et seulement destinés à être reproduits à un petit nombre d'exemplaires, par l'opération du moulage. Bernard Palissy, au surplus, ne surmoula que des poissons et reptiles de la région parisienne, alors qu'on lui prête des œuvres où figurent des animaux qu'il ignorait. Sa manière est le

---

1. Voir l'*Art de reconnaître la Céramique*, du même auteur.

vernissage de la terre et non l'émaillage; sa pâte, souvent même, était colorée lors du pétrissage. Mettons encore que les fausses assiettes et plats en porcelaine du premier Empire, de Louis-Philippe et même de Napoléon III, se reconnaissent aux rayons concentriques en relief qui marquent leur envers: ces reliefs trahissant l'usage d'un calibre, d'une machine qui ne remonte guère qu'à environ vingt-cinq années (Faure *invenit* à Limoges), soit! mais tous ces éléments d'identification sont bien sommaires et, quant aux chinoiseries et aux japonaiseries, n'était la qualité particulière de leur porcelaine, elles ajouteraient à notre confusion.

Fig. 94. — *Une fausse robe ancienne.*

Effectivement, le décor chinois surtout, a tenté toutes les manufactures aussi bien françaises qu'italiennes et hollandaises. Et croyez-vous que les faïences aux reflets métalliques de Deruta et de Pesaro ne valent pas les faïences hispano-moresques, pareillement dorées?

Allez donc reconnaître, à coup sûr, un grand plat de faïence de Nevers, de style italien, d'un grand plat en faïence italienne véritable ! Non certes, et, point davantage vous n'oseriez décréter que cette poterie vernissée provient d'Avignon plutôt que de Ligron ou de Nuremberg, à moins d'inscriptions distinctives.

Quant aux poteries étrusques, elles obscurcissent encore la bouteille à l'encre, et l'archéologie, prudemment, groupe tous les styles lucanien, campanien, apulien et étrusque, sous le nom de céramique italiote. Glissons ensuite sur les statuettes de Tanagra, déjà dévoilées en leur artifice coupable, et nous en arriverons, après avoir admiré les pastiches réussis de Pull (*fig.* 88), d'Avisseau Père (*fig.* 89), à rencontrer à Avon, près de Fontainebleau, de parfaits Bernard Palissy, fabriqués cependant après la mort du célèbre potier !

A qui se fier ? Voici des terres cuites émaillées de Lucca della Robbia ! Mais non, elles sont de je ne sais quel sculpteur italien, à moins qu'elles ne soient le fait de l un de nos habiles métallisateurs de plâtre, qui excellent à des enduits polychromes des plus trompeurs Attention à la signature ! On va jusqu'à l'arracher à un original sans grand intérêt pour la sceller dans une œuvre importante.

Rapportez-vous-en donc aux marques, ensuite ! D'abord la plupart des faïences anciennes ne sont pas marquées, et vous n'ignorez pas l'aisance avec laquelle on imite ces marques et, même, telles fabrications comme celles de Saxe (*fig.* 90), continuent à signer du monogramme ancien leurs œuvres modernes ! Du côté de la patine, même déboire. Les pièces truquées sortent du lit de fumier où on les avait ensevelies, à moins qu'on ne les ait fait bouillir dans de la potasse, et leurs cassures et fêlures imprégnées de jus, leur émail embué, artistiquement jauni, sali, vous illusionnera d'autant que, paré de toiles d'araignées et de poussière, il proviendra de chez quelque paysan… à l'épreuve de tout soupçon.

Songez donc ! ce faux vieux Nevers, mêlé à des faïences authentiques, figurait dans le vaisselier d'un brave petit fermier où, *précisément* vous l'avez découvert !

Et ce propriétaire « à cours d'argent » ne vous inspirera pas moins de confiance lorsqu'il se dessaisira, à votre bénéfice, du rare épi de faîtage qui domine ses combles, — un rare épi de faîtage âgé de dix années à peine, tout comme ce bas-relief « Renaissance » qui vous sourira entre deux poutres vermoulues, en quelque ville de Rouen ou d'Amiens.

Voulez-vous une assiette révolutionnaire ? Elles pullulent, vous n'aurez que l'embarras du faux, et nous vous laissons vous démêler avec vos deux poêles de faïence de Nüremberg ou de Berne, à moins qu'ils ne soient parisiens…

Vous désirez un renseignement sur la qualité hybride de cette pseudo-faïence ? Elle est née en Bavière où la faïence s'efforçait de ressembler à la porcelaine. Et ces grès flammés¹? Ils ne sont ni coréens ni japonais, X... et Z... en fabriquent tant et plus de nos jours, avec le rare talent que vous savez. Mais voyez pourtant combien ces grès flammés (*fig.* 91) ressemblent à ceux du vieux musée de Sèvres! *Nil novi sub sole.* Croyez-vous donc qu'il suffit à une poterie d'être « azurée » pour être du Beauvaisis? Qu'il suffit à une assiette d'être « à la corne » ou à « la double corne » pour être de Rouen? D'être du vieux Chine parce qu'elle vient de Chine? Demandez plutôt à la fameuse usine de Canton d'où l'on nous abreuve de vieux Chine moderne!

Et puis on imita la porcelaine de Chine en faïence italienne, à Calegari, notamment (*fig.* 78), et on fit aussi d'excellentes imitations de porcelaine de Chine en France (*fig.* 79 et 80); d'autre part, la porcelaine du Japon fut souvent reproduite en faïence, à Delft (*fig.* 81). Sans compter qu'en faïence anglaise, on réalisa d'amusants pastiches de la faïence de Saint-Porchaire (*fig.* 82) et que les faïences de Rhodes (*fig.* 83) et autres créations orientales (les lampes de mosquée notamment, *fig.* 84), furent curieusement renouvelées en France.

Mais passons, et donnons néanmoins, au lecteur, les moyens les plus sûrs de s'y reconnaître parmi ces embûches.

---

1 Il y a des grès dont les coulées d'oxyde en fusion sont simulées par des couleurs à l'encaustique.

LES FRAUDES DU MÉTAL 241

Tout d'abord, l'harmonie douce des couleurs du décor nous guidera ainsi que la qualité de son trait. L'émail ancien est d'un éclat calme, à peine laiteux,

Fig. 95. — *Faux tapis d'Orient* (tapis de Bohême).

tournant un peu au vert. Sa surface est quelquefois légèrement encroûtée ou calleuse. Si le trait qui borde le dessin est très assuré, il y a là une présomption de doute, et il faut noter que si le rouge de fer ne peut

14

être imité en certains lieux de fabrication, ou si on l'imite mal, il en est de même du bleu peint sur cru.

Certaines faïences, celles de Rouen entre autres, sonnent franchement à l'oreille en raison de leur terre spéciale, et le contrôle de l'odorat n'est pas non plus à dédaigner, surtout lorsqu'il s'agit de découvrir des réparations antérieures, les restaurateurs employant à cet effet un vernis parfumé révélateur, aussi révélateur qu'une friction d'alcool fort.

Bref, si l'on confond jamais du Sinceny avec du Strasbourg, on ne perdra point au change, et cela est moins grave que de prendre du vieux Parthenay pour du Saint-Porchaire. Il faut enfin, se borner comme toujours, à la somme de beauté dont on est digne.

Parlons un peu maintenant des déboires de la porcelaine. Nous avons signalé l'évidence d'une fausse pièce de porcelaine du premier Empire, de la Restauration et même de Napoléon III, lorsque celle-ci présentera, à son verso, les stries concentriques du tour, connu seulement à Limoges depuis vingt-cinq années environ.

A cela, nous ajouterons les discordances entre une pâte et son décor. Cette dernière observation concerne la pâte tendre de Sèvres dont on vendit longtemps au public des produits non décorés. D'où l'industrie frauduleuse de quelques marchands qui ne craignirent pas d'orner d'images la précieuse pâte blanche. Or, nous insisterons pour convaincre de mensonge ces pièces en rupture de beauté, sur l'unité de leur matière et de leur peinture. Le moindre anachronisme de style, de facture, suffit pour les confondre autant que les difficultueuses finesse et transparence, à réaliser.

D'autre part, la manufacture de Sèvres poussant le souci professionnel jusqu'à marquer d'un signe spécial (un carré avec un *S* et un numéro, coupés d'un trait de meule) ses pièces de rebut, c'était à la fois déjouer la fraude et la mettre hélas! en éveil. Effectivement, ces pièces méprisées pour ainsi dire, déclarées indignes d'être décorées par la célèbre manufacture, devaient être précieusement recueillies par nos truqueurs qui, après avoir masqué le coup de meule et ajouté la vignette : *décoré à Sèvres*, authentiquaient du même coup de belles pièces ornées par leurs soins propres. Aujourd'hui, les pièces de rebut ont été mises le plus possible à l'abri de tels artifices, dévoilés plutôt par la grossièreté de leurs adjonctions.

En recherchant bien, d'autre part, sous les empâtements du décor, en transparence, on pourra souvent découvrir les remèdes apportés aux altérations de la digne matière. Un marli voilé, la moindre irrégularité d'épaisseur ou bavure de l'émail, des trous mal bouchés, en justifiant le dédain de Sèvres, dénonceront le stratagème, car les faussaires ne peuvent obvier à tout.

Autres moyens de renseignement en dehors de la perfection *sine qua non* de la matière : la concordance entre le genre, la signature et l'époque de l'artiste de Sèvres signataire. Neuf fois sur dix, il y a contradiction dans ces références et, pour mieux les prendre en flagrant délit, le lecteur devra faire connaissance avec les monogrammes, signes conventionnels et chronologies des peintres décorateurs, conservés à la bibliothèque de Sèvres. Le beau musée céramique annexé à la célèbre fabrique, convaincra aussi de certaines distinctions purement visuelles. L'expérience de la vue, du toucher, de l'ouïe, de l'odorat même, développant les compétences bien au delà de l'effort des mots.

Mais poursuivons et notons au passage les belles imitations de Sèvres faites à Sceaux, à Bourg-la-Reine, à Saint-Amand. Si belles, souvent ces imitations, qu'elles ne sauraient être désagréables au véritable connaisseur; Vincennes imitait bien le Saxe à ravir! Chantilly (*fig*. 92), produisit tant d'exquis Bouddhas et concurrença si délicieusement la manufacture royale de Saint-Cloud! Delft répéta avec tant de goût le décor japonais! Qu'importe enfin l'erreur qui attribue une assiette « en trompe l'œil » à Sceaux plutôt qu'à Marseille!

Et puis on cuit ici telle matière que l'on orne par ailleurs; l'étranger s'en mêle, la Hollande, par exemple, décore des pièces blanches de Chine, et la pâte personnelle s'embellit de sujets en désaccord avec la nationalité et l'esprit propre, en dehors même de l'inspiration orientale si banalisée.

Ainsi que pour les meubles et les cuivres, on « enrichit » des fonds jugés insuffisants avec leur simple marli orné. On va jusqu'à compléter des services disparates. On fournit à une fontaine le

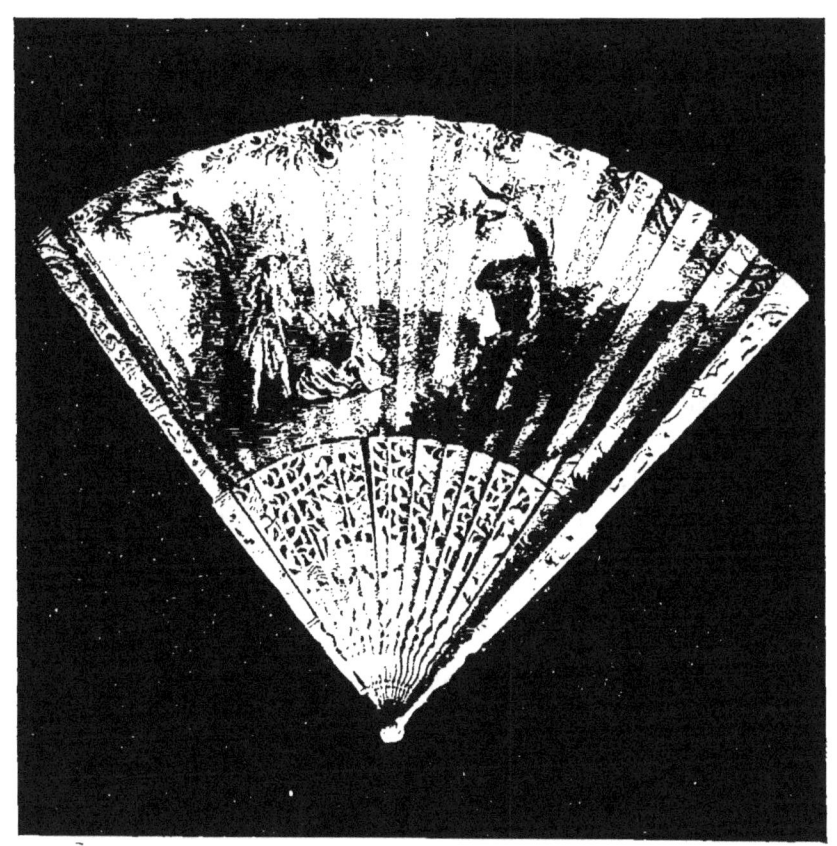

Fig. 96. — Éventail à la manière ancienne.

bassin qui lui manquait, au moyen d'une pièce analogue ou truquée. C'est la tour de Babel! et, cependant, nous donnerons, pour finir l'article céramique, deux moyens d'investigation assez probants. Ils ne concernent malheureusement que la fraude en pâtes tendres.

Tout d'abord, les dorures non exécutées à Sèvres manquent de fondu, et leur tonalité n'est point mate, de cette matité grave et profonde que l'on sait. Les fausses dorures sont sèches, moins incorporées, pour ainsi dire, à la matière, moins nettes que les vraies.

Quant au vert de cuivre, ses délicatesses métalliques sont remplacées, dans les contrefaçons, par un vert de chrome, tirant davantage sur le jaune et plus chaud.

Mais, en définitive, c'est toujours la beauté qui dissipe tous les doutes : jamais les truquages n'y atteignirent, puisqu'ils ne visent qu'à l'économie et que certaine beauté est toujours coûteuse, parce que rare.

Gare aux pâtes de porcelaine défectueuses, gare aux peintures baclées! Ne confondons pas les décors peints avec les décalcomanies, les décors imprimés avec ceux que le pinceau exprime. En un mot étudions la technique d'un art avant d'en désirer les prémices.

Ainsi les porcelaines de Chine et du Japon vous donneront-elles, particulièrement, « du fil à retordre ». Ces porcelaines, que l'on imite partout et qui courent maintenant, honteusement, les grands magasins.

Passons sur les additions de décor, chères aux Hollandais, additions faciles à découvrir sur la couverte avec laquelle elles ne font pas corps, et sur l'or et le rouge employés par la Saxe, moins riches que ceux des Chinois. L'Angleterre, la France et la Hongrie, encore, ne sont guère redoutables en leurs pastiches. La question du goût propre à chaque pays et surtout à chaque commerçant de pacotille, trahissant tôt l'essence de sa documentation et de sa stylisation. Comment rivaliser avec le bon marché de la main-d'œuvre en Chine et au Japon ! Voyez plutôt à quel prix revint à Sèvres son effort d'imitation artistique (deux assiettes chinoises exposées au musée céramique *fig.* 79) ! Aujourd'hui les imitations de ces pays ne trompent plus guère — sur leur ancienneté, du moins, — tant elles sont bâclées ! Ici les marques accusent leur dérision ; elles vont jusqu'à vouloir authentiquer des pâtes tendres chinoises, alors qu'il n'y en eut que de dures, et c'est l'Angleterre à qui l'on doit cette grosse supercherie !

Voulez-vous confondre un faux craquelé chinois ? Il suffit pour cela de promener sur l'émail une pointe d'acier qui, au lieu de glisser sur la surface unie, s'y accrochera, ou du moins sera sensible aux craquelures à fleur de couverte, et non prisonnières sous la couverte.

Quant aux couleurs fausses, elles sont lie de vin au lieu d'être roses ; d'un vert tirant plutôt sur le jaune que sur le bleu ; d'un ton vieux rose terne, au lieu d'être d'un brun violacé, très vif. Le fameux jaune impérial, si éclatant, non plus que le beau vert céladon et le beau rouge de cuivre dénommé *haricot*, n'ont pu, enfin, être réalisés en « toc ». Du côté des ors, les vieux ors adhèrent mollement à la matière, tandis que les ors modernes ont une fixité et une couleur brune particulières. Il y aurait encore à dénoncer les fautes d'harmonie des tons, en général; le fâcheux empiétement des teintes coulant sur les dessous (preuve qu'elles furent rajoutées), ou bien les touches de couleurs comme estompées au lieu d'être soigneusement appliquées sur les fonds émaillés (autre preuve de « tripatouillage »), et puis la pâte des véritables vieux Chine est grisâtre et terne, et puis, si l'on a voulu recoler une de leurs parties, la fraude est visible sous la crasse dont on débarrasse la pièce, avec de l'alcool, car le kaolin ne peut être recolé qu'à froid, et puis...

Mais comptez donc toujours et davantage sur la beauté d'exécution, sur le charme du coloris, de la forme, de la matière, et vous commettrez moins d'impairs. La beauté est un ensemble, nous devons en avoir le pressentiment comme la défiance, si tant est qu'elle ne court point les rues et que nous devons la mériter.

Attention surtout aux pièces dont l'intérieur a reçu une couche de peinture et, pareillement, redoutons les rehauts de couleurs sur la matière! Ces additions incongrues cachent des rafistolages de décor ou des réparations. Pour l'amateur, une pièce fêlée ou non intacte, une pièce dont le marli est voilé, n'a point de valeur. Il est vrai que certaines mutilations

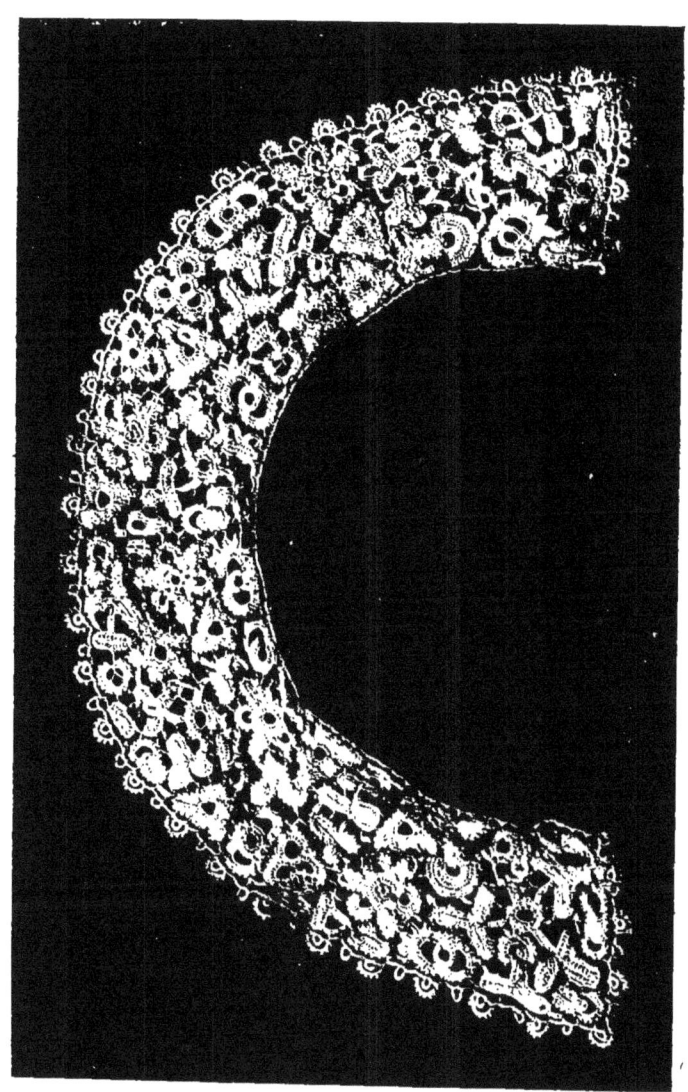

Fig. 97. — Véritable dentelle d'Irlande.

céramiques demeurent prisées quand même, en raison du souvenir, de la rareté ou du charme de couleur qui demeure.

Cependant, les mutilations, excessives, le plus souvent indifférentes à l'esthétique, sont le privilège de l'archéologie. Dans ce domaine de la stricte curiosité, rentrent les poteries préhistoriques souvent insignifiantes, d'une vulgarité que leurs ruines seules rendent intéressantes, et ces ruines abondent dans nos champs au point qu'elles font sourire les sceptiques.

Qui dira le nombre de pots à fleurs intentionnellement brisés dans le sillon des fouilles prochaines, aux alentours d'une cité gallo-romaine ! Qui dira le nombre de scarabées[1], de petites idoles et statuettes égyptiennes[2] semés par l'industrie parisienne aux environs des Pyramides ! Qui dira la multitude des articles de Paris, christs byzantins, broches assyriennes, bracelets grecs et romains, vendus par les gamins de l'endroit, derrière les voitures du touriste, aux abords des nécropoles et des arènes ! Que de lampes juives, que de lacrymatoires, issus de chez le petit potier du coin ! Que de fioles en verre irisé encore, dissimulent mal leur parure interne d'écailles d'ablette !

Non moins nombreuses sont les haches et pointes de flèches en silex, préhistoriques ! Qui n'en fabrique pas ! On est arrivé à imiter les moindres détériorations des

---

1. Il y a des scarabées *made in Germany*, mais qui sont moins parfaits que ceux fabriqués à Louqsor et à Birmingham.
2. A Assiout et à Louqsor, on fabrique particulièrement bien ces bibelots.

âges les plus lointains, depuis les cassures et éclats les plus caractéristiques, jusqu'aux incrustations et cavernes des rongeurs les plus raffinés. Selon le terrain dont se réclament ces vestiges du premier homme, des terres ocreuses ou des marnes les maculent et, quant à démasquer les falsifications, nous y renonçons.

Nous noterons cependant, à propos des silex, un moyen de contrôler leur ancienneté, pour ainsi dire infaillible. Les silex anciens présentent sur leurs cassures une trace blanche; les cassures des silex modernes sont, au contraire, uniformément brunes, couleur de la pierre; c'est le même phénomène des temps enfin, qui rend les camées opalins, laiteux, qui fait que les pierres fines perdent leur orient et que la turquoise meurt.

D'aucuns encore, se flattent de distinguer le coup de meule moderne de l'ancien, l'entaille fallacieuse de l'outil de métal; ils se font un jeu, paraît-il, de déjouer toute supercherie, rien qu'en frottant au chiffon la hache préhistorique aux incrustations et crasses seulement superficielles. Ils parlent, en somme, de tant de « cuisines » frauduleuses, que l'on en arrive à se demander si tous ces faux témoins ne dépassent pas leur but, en coûtant plus cher que les vrais.

Mais laissons nos savants ergoter à leur aise; l'étude scientifique amène à des découvertes dont nos musées seulement ont le droit de douter, au nom des prétentions plus ou moins justifiées qu'elles affichent, sans que l'art soit jamais déçu.

La mer, en roulant ses galets, a bien pu « rouler » des savants; nos collections archéologiques en savent quelque chose dans l'accumulation invraisemblable de silex qu'elles étiquettent.

Tout, hélas! est dans la présentation, et le musée comme le latin, en imposent. L'écrin où se prélasse le faux bijou, le socle d'ébène sur lequel s'érige l'urne soi-disant antique, le sous-verre derrière lequel nous sourit la moindre photo-miniature, surprennent notre bonne foi. Présentations classiques : médailliers aux graves cartons verts; vieux cadres églomisés, gaines aux maroquins usés, autant de sympathiques et charmants abords dont les truquages s'auréolent.

Aussi bien, ces fausses miniatures, simples photographies peintes ou gravures enluminées, voudraient tromper leur monde, dans leurs cadres carrés ou ovales, sertis d'un mince liseré de cuivre, et elles y parviennent presque, sous le miroitement de la vitre.

Arrachez donc la vitre qui pare votre miniature et, du même coup, vous lui arracherez son masque, de même que les faux camées ne résisteront pas au coup d'ongle qui les rayera. Mais nous allions anticiper sur le bijou...

Il n'empêche que le public est excessivement sensible à la présentation, jusqu'à la sottise même, puisque — on excusera cette digression — son habitude visuelle du sel dit de cuisine demeure enracinée à l'épithète impropre de sel *gris*. Or, le sel gemme qui, avec le sel marin, approvisionne le

LES FRAUDES DU MÉTAL 253

marché de sel dit *marin* ou sel *gris*, doit toujours, s'il veut être vendu sous ce nom, être sali. A cet effet on altère sa blancheur naturelle en l'additionnant de terre !

Au fait ! combien y a-t-il d' « amateurs » qui voudraient croire à l'authenticité d'un vieux bibelot, s'il

Fig. 98. — *Fausse dentelle d'Irlande.*

n'était artificieusement présenté dans son délabrement accusé et velouté de poussière, soi-disant séculaire ?

Un fou vendait un jour dans la rue, pour deux sous, des vrais billets de banque de cent francs, et personne n'en voulait !

Sans quitter le domaine de l'altération, la chimie moderne a bien créé des fleurs monstrueuses, des roses noires, des bleuets verts! et il n'est point jusqu'aux porte-bonheur que l'on fraude! Goûtez plutôt les malicieux trèfles à trois feuilles, auxquels on a ajouté en le collant, un quatrième lobe! Falsifications, illusions frauduleuses; il y en a pour tous les mensonges! De même que l'engrais force les terrains, l'ambition sinon la prétention, force la nature, et, de plus en plus, il faut apprendre à s'y connaître. Notre tâche cependant, n'est point encore terminée.

## CHAPITRE XI

### Les faux tissus, costumes et dentelles

Les époques se sont contrefaites entre elles, en toutes matières. Il était logique que les beaux modèles fussent répétés, réédités, et les étoffes n'échappèrent pas à la loi commune. De nos jours où l'on revient ingénument, sous prétexte de nouveauté, aux tissus surannés de la Restauration, on n'a pas manqué, naturellement, dans l'essor unanime des vulgarisations économiques, de reproduire à satiété les beaux tissus des styles Renaissance, Louis XIII, Louis XIV, Louis XV, Louis XVI et premier Empire. Chacun de ces styles fut ainsi banalisé, il y en eut pour toutes les bourses; entendez surtout pour les moins garnies, et vous aurez une idée de la dégénérescente camelote offerte en souvenir du passé somptueux.

On comprend, dès lors, que les gens de goût épris richement d'art, tout au moins aient dédaigné ces mauvaises reproductions, bâclées au mètre, tissées de coton au lieu de soie, d'où leur terne sourire en place du chatoiement joyeux d'autrefois, violemment colorées et non délicieusement harmonisées comme auparavant.

Néanmoins, une fabrication supérieure put suffire à certains « bourgeois », et même on ne manqua pas de réserver aux plus cossus d'entre eux, une qualité *extra*. Nos belles soieries, nos rares velours et peluches, n'ont d'ailleurs point dégénéré — si l'on veut les acquérir à leur taux — et, n'était leur résistance à l'élan décoratif moderne, on pourrait les associer à l'éloge que nous décernons aux cotonnades et aux étoffes imprimées, si délicieusement obéissantes à l'esprit de notre temps de retour à la désuète Restauration, répétons-le.

Il est vrai que, pour ces derniers tissus, l'économie de leur renouveau ne saurait être comparée avec la dispendieuse reproduction des autres, qui ne peuvent, sans déchoir, se démocratiser. Or, tout logiquement, la faveur est acquise à la cherté réelle ou apparente des tissus, et, en dehors des fameuses toiles de Jouy, si pimpantes sous Louis XVI et Napoléon I$^{er}$, plus « amusantes » par leur coloris, que précieuses, on fait fête aux lourds brocarts et brocatelles, aux riches damas, gros de Naples et de Tours, aux rares satins brochés et velours brodés excellemment pastichés en général, par l'industrie moderne.

Comment, maintenant, vieillit-on ces étoffes modernes pour les faire croire anciennes, et quel est le moyen de reconnaître leur falsification ?

Pour les vieillir, on les décolore légèrement au

Fig. 99. — *Véritable point à l'aiguille.*

soleil, tandis qu'une usure relative de la trame est obtenue çà et là au moyen de patientes frictions à la main, enduite de poudre de talc. Les vapeurs de soufre et d'ammoniaque descendent aussi, très favorablement, les tons, et, pour réaliser plus exactement l'ancien (usure et vieilles patines), rien ne vaut la mise en usage. C'est-à-dire que l'on recouvre des fauteuils ou des canapés, que l'on utilise comme tentures ces tissus qui, plusieurs mois après, sont usagés au point qu'ils peuvent être vendus pour authentiques.

On accélère ainsi, simplement, les effets du temps, en forçant l'action de ses nobles détériorations et, lorsque soigneusement décloués, dépendus, ces sièges, ces tentures vous sont offerts, vous n'oseriez mettre en doute leur non-fraîcheur, si proche de l'illusion que vous cherchez. Un autre bon moyen employé par les fraudeurs consiste à couper des morceaux dans de grandes pièces d'étoffe. Ces morceaux semblent avoir été sauvés de quelque naufrage, et leur rareté ne vous échappe pas. Effilochez, sur ses bords, le précieux morceau, tachez-le à l'aide de quelque acide ou soumettez-le simplement aux méfaits de l'humidité et vous obtiendrez un truquage réussi. Pour ajouter encore à sa farce, il suffirait de le froisser ou bien de simuler des parures et façonnages autrefois existants sur sa matière : galons, ourlets et surjets. On coud véritablement, avec du vieux fil, ces agréments, que l'on ôte ensuite. Des traces d'un travail antérieur : trous d'aiguille, restes de fil, impression marquée en sombre du galon sur l'étoffe décolorée, confirment à qui mieux mieux l'ancien. Des teintures légères procurent un vieillissement non moins flatteur, que des traces de clous rouillés, lorsqu'il s'agit de l'étoffe d'un siège, quelques-uns demeurant encore en place, confirment à l'envi.

Les galons et dentelles d'or se patinent au moyen des vapeurs d'acide chlorhydrique ou d'ammoniaque, voire même de fumée. Leur oxydation, soit à l'humidité, soit à l'aide d'un mélange de sel et de vinaigre, ajoute aux précédents effets, qu'un nettoyage final harmonise à souhait. Quant à l'artifice des applications, il se dévoile à l'œil, pour ainsi dire ; l'adhérence des motifs appliqués n'étant point complète, malgré le soin de leur collage ou de leur couture mal assurée sur les bords.

On sait que l'application consiste en motifs détachés de la trame usée sur laquelle ils figuraient, et posés ensuite sur une trame neuve. Or, pour « culotter » la dite trame, on la passe — tout comme nous le verrons à la dentelle — dans un bain de thé ou d'ocre plus ou moins fort, selon la couleur à obtenir ; mais, si la trame ou fond est remplacée par une étoffe, on recourt aux fumigations de bois vert ou de charbon (velours, peluche) ou aux teintures de tan, de feuilles de noyer et de brou de noix (draps, cotons, etc.). Pour dévoiler la fraude, on saisit qu'un nettoyage à sec ou légèrement humide, suffit.

Une anecdote, maintenant, nous édifiera sur l'étonnante illusion fournie par les soies truquées. Un jour Edouard Detaille rend visite, en terre étrangère, à un descendant de Napoléon Ier, qui lui fait les honneurs de sa galerie.

Soudain, imitant son hôte, non sans réprimer un éclat de rire, le célèbre peintre se découvre devant des drapeaux glorieux, témoins soi-disant des victoires de l'ancêtre. Or, ces précieux trophées sont tout simplement dus à l'ingéniosité de Detaille, qui fit exploser dans leurs frais tissus, des paquets de pétards !.. Ainsi maltraitée, la soie, décolorée par les émanations sulfureuses, tachée aussi par elles, effilochée, arrachée en lambeaux, trouée par la déflagration de la poudre, est d'une saisissante vérité, d'autant que rien n'a été négligé pour renforcer cette vérité, hampe brisée, inscriptions altérées, aigle arraché, etc.

Le spirituel dessinateur Caran d'Ache excellait aussi dans cette imitation : toute une salle était réservée, chez lui, à de « vénérables » reliques de ce genre qu'il se plaisait à montrer avec une émotion que les visiteurs partageaient d'enthousiasme, à la plus grande joie de notre mystificateur.

Mme Sarah-Bernhardt encore, eut recours fréquemment à d'artistiques décolorations pour ses costumes de théâtre, dont on loua les harmonies dégradées, les rares tonalités, passées, fondues, aux gammes fulgurantes ou mortes.

Ces subterfuges, cependant, se dévoilent aisément ; il suffit d'un examen attentif et, comme toujours, la belle qualité des tissus n'ayant pu être imitée — nous revenons ici à l'étoffe censément ancienne, en général — le critérium le plus sûr consiste en la cons-

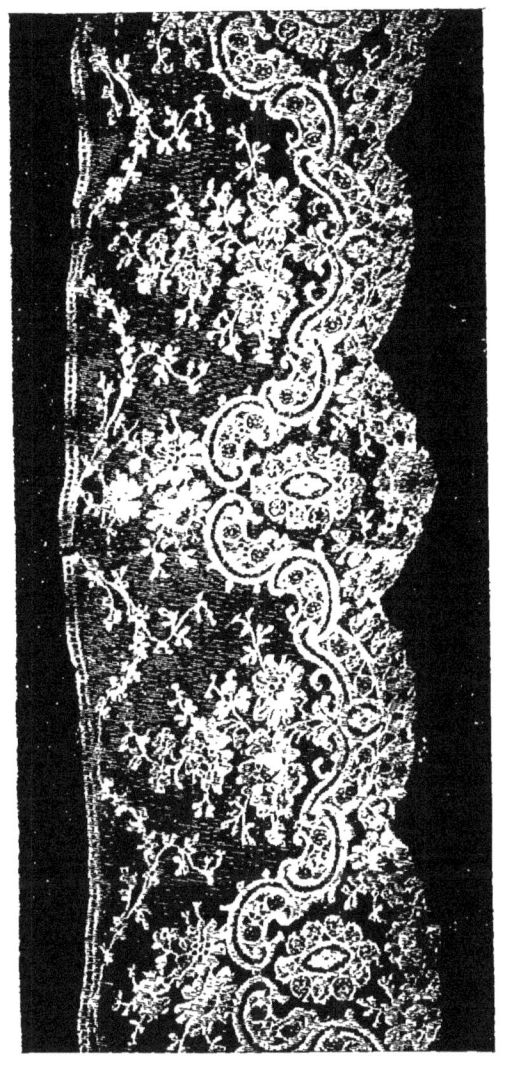

Fig. 100. — Faux point à l'aiguille.

tatation de la camelote, malgré qu'il y ait cependant un moyen de vérification technique absolu.

Ce moyen nous est offert par l'étude de la trame.

Autrefois on fabriquait les étoffes *à la tire*, c'est-à-dire à la main, d'où une irrégularité dans les mailles, que la machine ou métier à tisser inventé par Jacquard (1800) ignore. Il suffit donc de constater sur la trame la régularité ou le caprice des mailles et, à cet effet, on retourne l'étoffe, et l'on recherche plutôt les dessins symétriques, afin de comparer entre elles chacune de leurs parties. Si le travail présente, dans la traduction du dessin, des raccords défectueux, des inégalités de repérage, s'il n'est point, en un mot, parfaitement régulier, dans le nombre même des fils de chaîne et de trame qui le composent, point de doute, le travail est ancien, il a été exécuté *à la tire*, c'est-à-dire à la main, et l'observation contraire démasque naturellement les produits dus à l'invention moderne de Jacquard.

L'étude de la trame fait encore partie de cette connaissance technique que doit acquérir initialement l'amateur qui, mis en présence d'une tapisserie ou d'une broderie, ne devra pas confondre les points entre eux ; les points dont le témoignage sur la trame est souvent irrécusable.

Je sais bien qu'ici comme pour le bijou, que l'on monte à la mode ancienne afin de le faire croire ancien, on imite toutes les sortes de trames et de points anciens, mais encore faut-il que le dessin soit bien d'accord, comme style, avec son tissu, avec son canevas, avec son point! Chaque style a sa manière et ses tours de main.

Cependant, il y a des raideurs de taffetas, des douceurs de satin et de velours, inimitables. On a bien essayé de « brûler » artificiellement les étoffes pour les rendre friables, comme si elles tombaient en poussière, de vétusté, mais on sent au toucher que l'empois, que l'apprêt factice, ne peuvent illusionner sur les faux taffetas, pas davantage que le coton mêlé à la soie ne trompe sur le moelleux incomparable des riches satins et velours d'autrefois.

L'éclat de la couleur des vieilles étoffes, encore, persiste; tandis que la frêle teinture des nôtres, trop souvent empruntée à l'aniline, ne dure pas.

Attention donc à des erreurs dans cette harmonie du style, de la trame et de la couleur! Méfions-nous des copies comme des tissus fabriqués — genre tapisserie, à la main. Ne prenons pas surtout des tapis dits de Bohême (*fig.* 95), sans envers, pour des tapis d'Orient, à cause des dessins similaires, que l'on n'a pas craint de reproduire même, sur des tissus légers.

Gare aux trompeuses moquettes! et apprenons, en passant, que les tapis d'Orient se reconnaissent en dehors de la beauté flagrante de leur dessin, de leur tissu chatoyant et épais, de la finesse de leur trame, à l'envers qui reproduit exactement le décor de l'endroit, moins cependant l'éclat du coloris et l'épaisseur du tissu. En un mot, les tapis d'Orient ont un verso qui rappelle finement le recto, contrairement aux moquettes dont l'envers ne montre qu'une trame décolorée, que la chaîne.

Parlons maintenant des costumes anciens. Il y en aura toujours, c'est dire la facilité avec laquelle nos jours les confectionnent et aussi quel artifice préside à leur confection !

On copie scrupuleusement leur coupe et on les taille dans de vieilles étoffes. Comme pour les meubles, on fait parfois deux costumes avec un seul, la partie fausse passant alors pour une habile restauration. D'autre part, les similis vieux habits, culottes, gilets, etc , sont établis de toutes pièces avec des débris anciens, depuis le fil qui les coud jusqu'à la doublure, jusqu'aux galons et aux boutons. Que de « petits chapeaux » de Napoléon sont sortis encore de cette fabrication artificieuse, qui posent consciencieusement, maintenant, pour la gloire ! Mais aussi quelle patiente étude ils reflètent, ces truquages !

Il y a des tailleurs et des chapeliers tout à fait experts en la matière ; ils sont des savants dans leur genre. Et les cordonniers donc ! Voyez les lourdes bottes des postillons, chères au siècle de Louis XIV, naître comme par enchantement sous leurs doigts, à côté des frêles souliers brodés du xviii<sup>e</sup> siècle ! Tout cela construit avec de vieux cuirs, avec de vieux lacets et boucles ; ces mêmes cuirs, qui serviront si parfaitement la cause d'un coffre... antique ; ces vrais lacets qui donneront à un corset très busqué, garanti Louis XV, son seul cachet d'authenticité ; ces boucles du temps, à n'en pas douter, sur des ceintures et

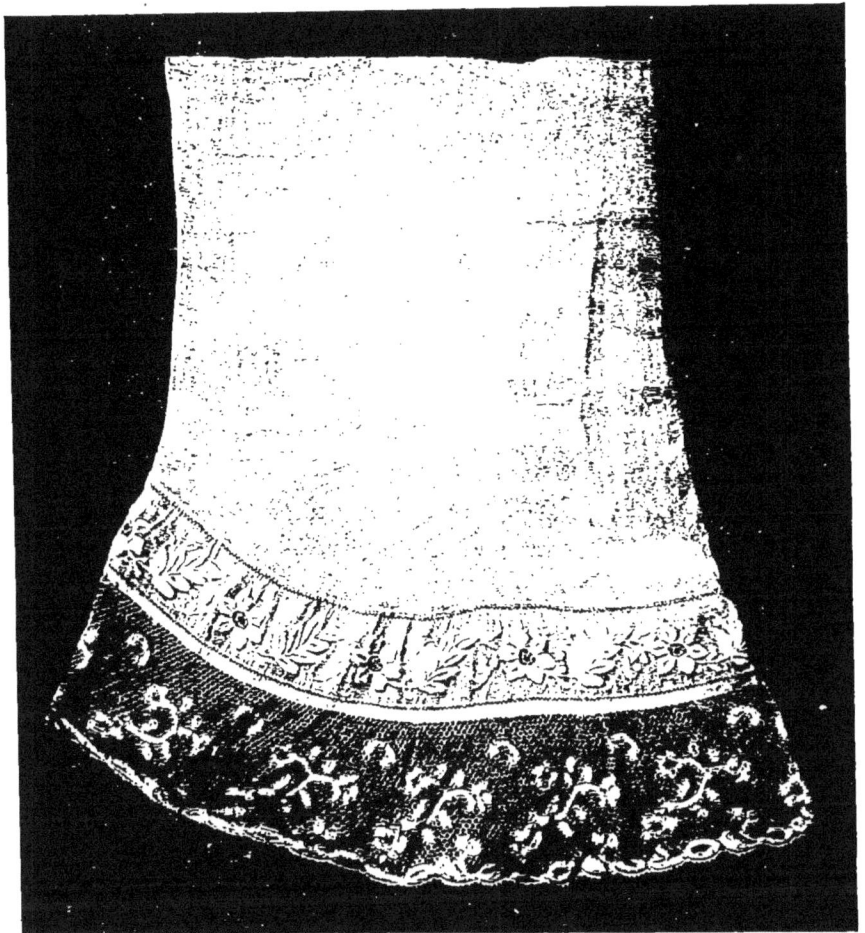

Fig. 101. — *Véritable dentelle de Valenciennes.*

ceinturons plus que douteux, mais à qui le doute profitera. Le moyen de s'y reconnaître parmi ces calomnies ? Encore et toujours, la réflexion du style, la vérification de la beauté de la matière, l'origine de l'objet à acquérir, jointes à la qualité de satisfaction que l'on mérite, de par le goût que l'on a.

Voici, cependant, des moyens logiques de contrôle, en ce qui concerne, du moins, les costumes anciens. Tout d'abord, les tailleurs, exclusivement employés à la confection des costumes, tant masculins que féminins, ignoraient la régularité de la machine à coudre, et ils cousaient avec une parfaite solidité. La manière d'arrêter leurs points, au surplus, est d'une volonté originale et typique. Quant aux robes des femmes, elles sont reconnaissables à la grossièreté de leur doublure. *Tout ce qui ne se voyait pas* était sacrifié. Les dessous de la grande dame d'autrefois, ignoraient notre présente recherche, et une rude étoffe de toile grise, voire de la vulgaire toile à matelas, doublait les plus riches tissus.

En revanche, je sais un éventail ancien qui ne prouve pour ainsi dire son authenticité, que par les deux petits diamants qui unissent, discrètement, ses lames, vers la base. Jamais un truqueur n'eût osé garantir son œuvre à ce prix, et nous verrons toujours les véritables antiquités se défendre pareillement, sinon par la richesse de la matière, du moins par la sincérité de l'art ou la qualité de la main-d'œuvre, contre leurs imitations.

Ainsi, en ce qui concerne la broderie et la dentelle anciennes, jamais on n'arrivera à les contrefaire, faute d'avoir retrouvé la conscience et la tranquillité auxquelles elles durent jadis leur essor. Nos fées modernes ne peuvent rivaliser avec leurs sœurs d'antan, parce que leur génie est limité au vil bon marché. Leurs entrepreneurs, toujours pressés, bousculent leurs fins réseaux, et la machine les tue. Aussi bien les travaux de ce genre, dans la production originale, visent plutôt au « cocasse », à travers les fantaisies de la mode, et il n'y a plus guère que nos grandes dames ou bien nos aïeules qui aient conservé le goût du vrai luxe en question. Et, si la mode remet les dentelles en faveur, peu importe à la masse leur vérité : la masse en a toujours pour son argent et pour son idéal.

Partant donc de cette base générale que le vrai est particulièrement bien, voici donc que les fausses dentelles et guipures sont démasquées. Laissons leur style de côté, la machine imite ces styles à merveille; mais, pour l'exécution, c'est une autre affaire, malgré cependant, des exceptions déconcertantes !

Les dentelles de guipure faites mécaniquement, n'offrent qu'une finesse relative, et leur travail est d'une perfection sèche et régulière. Nous avons parlé de la manière de tisser ancienne, dite *à la tire* et de la moderne dite *à la Jacquard*. Mêmes différences, et ce ne sont pas les artifices complémentaires : teintures de thé et d'ocre, qui ajouteront à l'illusion de l'ancien. Les réparations de dentelles et guipures du passé devront encore, nous être suspectes. Il existe des ravaudages frauduleux, comme ceux que nous dénoncerons à la tapisserie. On ne se gêne pas dans cette sorte de travail, pour accoler souvent du moderne à de l'ancien; d'habiles applications trompent aussi, volontiers, et que de déchirures profitent à de misérables restaurations!

Voici quelques moyens complémentaires de discerner les fausses dentelles (*fig.* de 97 à 104). Leur métrage correspond à leur système de fabrication, soit anglais ou français. Dans le premier cas, elles mesurent quatre mètres; dans le second, onze. Les véritables dentelles, au contraire, sont d'une longueur inégale, et si elles sont raboutées, à condition encore que l'on s'aperçoive de ce raboutissage, l'intervalle de ces raboutissages entre eux est régulier.

Cependant, dans les vraies dentelles, les motifs du dessin, si on les plie, si on les superpose, ne coïncident pas entre eux exactement[1]. De plus, il n'y a pas toujours le même nombre de points, dans deux motifs symétriques et même de motif à motif. Cette irrégularité, propre aux vraies dentelles, concerne aussi le réseau ou fond qui apparaît, dans l'imitation, symétriquement carré, contrairement à l'aspect des véritables dentelles.

Au toucher, les vraies dentelles ont une douceur, une souplesse particulières inconnues à leurs copies

---

1. Pour déjouer ce contrôle, la machine a inventé les motifs qui ne se répètent que de 3 en 3, de 4 en 4, etc.

dont l'apprêt nuit à ces qualités. La couleur des vraies

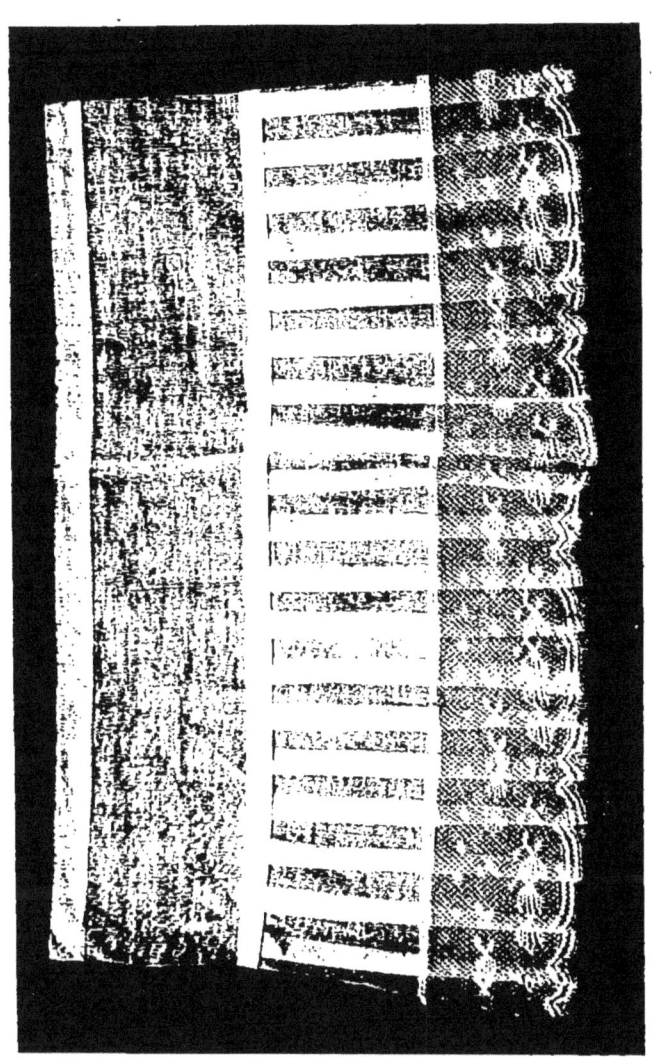

Fig. 102. — *Dentelle de Valenciennes* (imitation).

dentelles, encore, est toute une révélation ; elles sont

soyeuses, et une sorte de patine dorée caresse leurs reliefs.

En même temps que la beauté des dentelles véritables nous est démontrée par la non-monotonie du point, surtout le Chantilly[1] — preuve de leur fabrication à la main, — il faut prendre garde à leur profusion, qui marche mal de pair avec leur rareté. Rappelons-nous ici de l'inconvénient qu'il y a, au point de vue de l'anthenticité des tableaux, de collectionner un seul et même maître, et méditons la ruse observée, à cet égard, par le marchand, dont les pièces, dépareillées à dessein, laissent toujours l'amateur favorablement rêveur.

Un moyen, empirique celui-là, arrachera le masque à la dentelle hypocrite : il suffit de tirer sur l'extrême fil de la pièce suspecte pour que tout se défasse, au fur et à mesure que l'on tire.

Mais il y a encore la ressource, moins violente, de démasquer, par exemple, le faux vieux Malines[2], sous sa teinture artificieuse, en cherchant dans l'épaisseur de ses mailles respectées, la fraîcheur du fil blanc et, d'autre part, le point d'Alençon sera trahi par certaine transparence et certaine mollesse de ses parties épaisses.

---

[1]. Le réseau carré qui forme le fond du dessin de la véritable dentelle de Chantilly est nettement déterminé par un seul fil sur chacun de ses côtés.

[2]. Dans la fausse Malines et, de même, dans la Valenciennes imitation, le picot ou bordure extrême, est rapporté. Malheureusement, de jour en jour, la machine se perfectionne...

Pour en terminer de la dentelle, dans son aspect de fraude général, nous indiquerons, à propos de la dentelle dorée, une patine aussi peu poétique qu'efficace, et d'ailleurs réfractaire à notre hygiène moderne, mettons odieusement surannée, celle produite par les émanations de l'ex-buen-retiro...

Du côté de la guipure « à l'aiguille », maintenant,

Fig. 103. — *Cravate en véritable dentelle de Chantilly.*

voici une ingénieuse supercherie ; elle nous vient de Suisse. Il s'agit d'imiter les anciennes guipures de Venise, et le procédé est amusant. Il consiste à broder des motifs avec du coton blanc sur un fond de laine ou de soie et, lorsque ce travail est terminé, on plonge le tout dans un bain chimique qui a la propriété de brûler la laine ou la soie, en respectant seulement les fils de coton ; c'est-à-dire que le fond disparaît entièrement.

Aussi bien les guipures sont des toiles d'araignée merveilleuses, et l'on saisit l'écueil, pour le faussaire, de traduire cette finesse coûteuse et rare dont les jolis doigts de femmes connaissent d'ailleurs la caresse sans égale.

Attention, néanmoins, aux morceaux frauduleusement glissés parmi les vrais, on ne saurait tout prévoir ; c'est l'instant de rappeler que les contrefacteurs de billets de banque, se basant sur la manière expéditive de compter les liasses de billets dans les banques et les grandes maisons de commerce où l'on feuillette seulement l'extrémité de ces billets, ont eu l'idée ingénieuse de substituer à l'une des moitiés du billet — celle que l'on ne feuillette pas — un billet de la Sainte-Farce, de telle sorte que d'un seul billet ils en faisaient deux.

## CHAPITRE XII

**Les fausses tapisseries. — Les faux émaux
et vitraux. — Les faux bijoux et miniatures, etc.**

De matière précieuse en matière précieuse, nous en arrivons à la tapisserie.

A vrai dire, la tapisserie ignore, du moins dans les grandes pièces, l'artifice du truquage. Il faudrait égaler les tapissiers du passé pour oser toucher à leurs pièces et, comme toujours, on n'en fait que le simulacre. Nous avons dit qu'une tapisserie sans bordure (de même qu'une gravure sans marge), n'était qu'une jolie femme sans tête ; c'est orienter le lecteur sur la nécessité de combler cet écueil lorsqu'il se présente.

C'est ainsi qu'une bordure seule, incite à rechercher le motif qu'elle encadrera, et voici une autre occasion de recourir à la fraude.

Comme le but du truquage est toujours vénal, on se préoccupe peu de la qualité de beauté apportée par l'artifice, pourvu que l'illusion y soit, et la bordure, pour être « intéressante » (de même que le motif à encadrer) commercialement parlant, devra donc être peu coûteuse. C'est pourquoi nos ravaudeurs de tapisseries collectionnent-ils, tant et plus, les moindres déchets qu'ils rabouteront ensuite, selon les besoins de la cause. Qu'est-ce qu'une bordure, en somme? Un ornement de même largeur, d'une tonalité égale, et cet accord convient excellemment à nos fraudeurs, non moins à l'aise lorsqu'il leur faut faire, à l'instar du jeu de patience, une composition avec des figures disparates raboutées. De loin vous y serez pris. Leurs combinaisons de morceaux raccommodés, restaurés, reconstruits à l'aiguille, se fond parfaitement, à distance, sur le travail à la broche. D'ailleurs, le « vieux » jouit d'une immunité générale, sa détérioration lui fait un glorieux cortège, et toutes ces pièces consolidées, réparées, reprises, sont autant de témoignages vénérables desquels on est victime.

Les marchands le savent, et ils ne s'émeuvent pas de votre perspicacité qu'ils vous retournent malicieusement en ignorance. S'il s'agit d'une tapisserie excessivement décolorée, ils la remontent à l'aide de teintures, de couleurs à l'aquarelle, et même de pastel. C'est ainsi encore, qu'ils font des raccords, qu'ils dissimulent des taches, alors que les trous reçoivent soit des bouts d'étoffe assortie au grain et à la tonalité de l'ensemble de la tapisserie, soit des morceaux de tapisserie.

# LES FAUSSES TAPISSERIES 275

Toutefois, il est à noter que les raccords artificieux

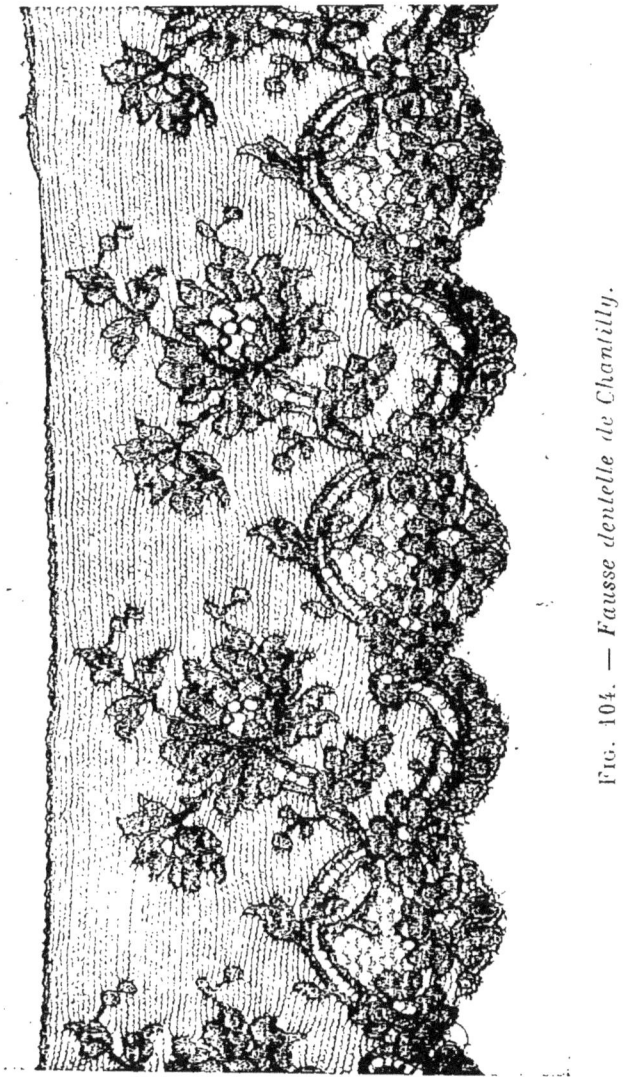

Fig. 104. — *Fausse dentelle de Chantilly.*

sont toujours exécutés avec des laines (ou des soies)

plus claires que le où les morceaux à réassortir — dans les fonds surtout — parce que les laines (ou les soies) employées pour ce réassortiment, n'ayant plus la qualité des anciennes, ont tendance à baisser de ton et que les ravaudeurs de tapisserie préfèrent rejoindre le ton du morceau ancien, à l'aide de couleurs à l'aquarelle ou de gouaches plus ou moins salies, patinées.

Etant donné le prestige des chefs-d'œuvre du passé, il apparaît que les pires hardiesses soient autorisées, surtout en matière de tapisserie, et l'œil se raccroche ici, à un ensemble de colorations qui l'emporte sur l'examen du détail.

*Nota bene.* Il ne faut pas confondre toutes les tapisseries aux chairs rehaussées de peintures, dans la réprobation de la fraude. Quelques-unes, mais c'est l'exception, ont été ainsi traitées, elles sont même fort rares et on les connaît.

Voici maintenant les meilleurs moyens de dérouter l'artifice. De même qu'en matière de tissus, de tapis, etc., il importe de connaître initialement les principaux procédés de fabrication : la haute et la basse lice, qui concernent le travail au métier, au peigne et à la broche, tel qu'on l'exécute dans les grandes manufactures, et la tapisserie à l'aiguille, telle que les dames la pratiquent chez elle.

A chaque mode d'exécution, à chaque manufacture (Gobelins, Beauvais, Aubusson, etc.), un point différent, et pareillement pour la tapisserie à l'aiguille. Initions-nous donc à ces aspects divers, en examinant l'esprit de chaque trame, afin de ne pas prendre un jeune Aubusson pour un vieux Gobelins, afin de ne pas payer pour un vieux Beauvais, un quelconque décor floral dû à l'ingéniosité banale de quelque vieille fille.

Et puis, pour déjouer l'artifice des teintures, on pourra les soumettre à l'action simpliste du coup d'éponge ou du doigt mouillé: de même, si l'on écarte légèrement les mailles de la laine, en même temps que l'on vérifiera la chaîne ou le canevas[1] (chaîne s'il s'agit d'une tapisserie de haute ou de basse lice, canevas s'il s'agit d'un travail à l'aiguille), on pourra éventer l'artifice de la teinture, si celle-ci n'a pu imprégner la laine dans toute son épaisseur. Pareillement, on tâchera d'approfondir le mystère de certaines rentraitures, d'une sincérité douteuse et, pour toutes ces observations, il faudra le plein jour qui, par exemple, confondra honteusement certains rafistolages exécutés avec des laines teintes à l'aniline[2], aux

---

1. Pour déjouer la vérification du canevas ancien ou moderne, on a simplement plongé le canevas trompeur dans un bain d'eau pure (ou additionnée de thé fort ou d'ocre) afin d'ôter l'apprêt du neuf.

2. Aujourd'hui, la tapisserie est sortie fâcheusement de sa sobriété décorative. On fait maintenant des tableaux en tapisserie et, pour reproduire toutes les couleurs du tableau, il a fallu avoir recours à des couleurs chimiques, sans résistance. Les anciens tapissiers ignoraient le chimiste, d'où la solidité de leurs tons mesurés. Quant à la matière essentiellement précieuse de la tapisserie ancienne, elle a sombré pareillement, devant l'ébauche de nos peintres modernes, mais cela échappe à notre sujet.

tons crus et fugitifs, si mal harmonisées avec les autres laines délicatement passées, fondues.

Méfions-nous donc des embûches tendues à la vérification de notre vue et de notre toucher, et, s'il nous est impossible de confondre les étoffes peintes dites en « imitation de tapisserie », d'un si mauvais goût, avec celles qui nous occupent, ne prenons pas pour de belles tapisseries, de laborieux « arlequins », de pitoyables raboutages de verdures (*fig.* 105).

Mettons-nous pareillement en garde contre les tapisseries modernes ou les tentures genre tapisserie, copieusement décolorées au soleil ou déteintes à l'humidité, à moins qu'elles ne soient encore légèrement enfumées. Présentés très haut, sur le mur de quelque hôtel des Ventes, ou dans l'ombre propice d'une boutique misérable, ces similis illusionnent souvent de la manière la plus malencontreuse.

Malheureusement, il en fut souvent de la tapisserie comme de la céramique. Les plus célèbres manufactures se pillèrent et, si les vieux modèles d'Aubusson revivent sur les métiers modernes d'Aubusson, si le Beauvais d'aujourd'hui ne dédaigne pas de reprendre parfois ses anciens cartons, les Gobelins anciens furent aussi imités par le Beauvais ancien. Sans compter qu'à Bruxelles, à la fin du xvii$^e$ siècle et au xviii$^e$ siècle, on ne se fit pas scrupule de tisser des compositions exécutées auparavant par les Gobelins. D'où des erreurs et des contradictions fatales qui, d'ailleurs ouvrent le champ à toutes les discussions et hypothèses. Erreurs et incertitudes basées, d'autre part, sur le choix de sujets flamands traités en dehors des Flandres, sur l'anachronisme de certains sujets mal identifiés ou improprement nommés par leurs auteurs mêmes, à travers les époques, sur le désac-

Fig. 105. — *Bordure en tapisserie ancienne faite de morceaux rentrayés.*

cord entre le style d'une bordure avec son sujet, sur l'origine même de tant de compositions d'inspiration française et de réalisation étrangère.

Mais, ces nuances dépassent notre présente étude et, de joyaux en joyaux, car, répétons-le, la matière de la tapisserie est inséparable, par sa préciosité, de la riche matière, nous en arrivons à l'émail.

Nous ne dirons guère que quelques mots sur les émaux, d'autant que leur imitation échappe à une stricte démonstration. Effectivement, en dehors de l'aspect esthétique, l'émail du cuivre se dérobe à la sûreté du contrôle. Rejetons cependant, de prime abord, les pâles imitations dues à des peintures à l'encaustique, à la cire, dites « émail », bonnes tout au plus à illusionner l'amateur simpliste, ainsi que les artifices non moins misérables du mica ou du verre peint, du métal coloré, etc.

Avant de parler du passé, examinons les sources de l'émail moderne. Elles sont intarissables, d'où le trouble de l'amateur et la joie des fraudeurs, grands utilisateurs de déchets.

N'oublions pas que les déchets et autres imperfections rejetées à la sortie du four comme sans valeur, sont guettés par les truqueurs qui, d'une chose invendable, déjà mutilée et patinée à moitié, font une antiquité des plus rémunératrices.

D'autre part, nous avons vu patiner des vieux cuivres et, naturellement, c'est un jeu pour l'antiquaire malhonnête de confectionner des vieux reliquaires, ciboires et châsses, qu'il rehaussera ensuite, d'émaux de sa façon. Parfois même, un reliquaire authentique, mais sans grande valeur, sera décoré d'émaux factices qui l'enrichiront à souhait. C'est le truc des étains et des cuivres déjà vu aux décors repoussés après coup.

Les fausses vieilles icônes ne se comptent plus,

peintes qu'elles sont ou émaillées, sur des feuilles de cuivre froissées, cassées, oxydées exprès ! Et sur le métal, l'émail mis au four, s'est écaillé, fendillé ; il a éclaté... Enfouissez maintenant dans la terre, durant quelques jours, votre truquage, et arrosez-le d'un corrosif quelconque ; retirez-le ensuite, en laissant sécher l'enduit argileux qui le macule et... servez chaud au novice, après un léger coup de brosse.

Avez-vous en mémoire l'histoire extraordinaire du chef reliquaire de saint Martin (*fig.* 106)? Ce chef aux rares émaux, dont malheureusement il existe un double exemplaire aux non moins rares émaux, d'où un doute singulièrement préjudiciable à l'authenticité des deux chefs-d'œuvre à la fois.

A vrai dire, si le snobisme ne s'en mêlait, qui se pâme sur la moindre ruine ou simili-ruine, on trancherait bientôt l'indécision susdite, en condamnant d'un seul coup, au point de vue esthétique, l'énigme de ces deux saints ; mais il y a la richesse de leur parure, l'auréole de leur passé (?) et l'art encore une fois, pactise avec l'archéologie.

Bref, comme à Sèvres et à Limoges, l'art de l'émailleur a conservé toute sa force et, comme d'autre part, l'initiative privée en pareille matière, ne demeure pas moins intéressante, on saisit que le faussaire n'a, le plus souvent, qu'à altérer dans le sens du vieux pour les vendre plus chers, les émaux modernes. Ajoutez à cela la ruse des émaux ajoutés, intervertis, des vrais émaux mêlés à des faux, et vous nagerez dès lors, dans la confusion la plus déconcertante.

Il y a des antiquaires marrons qui font voler dans des églises, afin de les authentiquer, des émaux, des vitraux (toutes œuvres d'art vouées au décor catholique) qu'ils savent pertinemment faux et dont ils accentuent au besoin, *illico*, la vraisemblance matérielle. C'est toujours la même raison de garantie qui les pousse à nous offrir leurs truquages, retour d'Amérique. Après l'odeur de l'encens, l'air de la mer ! Autre sujet d'erreur : la restauration des émaux ! Il est vrai que la ressource du temps ou l'implacable bain d'alcool, vous reste pour les éventer. Si vous voyez une partie de votre émail jaunir, c'est qu'elle a été rajoutée. Simple métamorphose de la gommelaque, fatalement employée à froid, pour réassortir le travail

Quant aux émaux translucides, ils s'imitent à l'aide de peintures sur de l'or en feuille, préalablement collé. On emploie, à cet effet, des laques et autres couleurs transparentes, que l'on vernit plusieurs fois pour leur donner de l'épaisseur sans nuire à leur diaphanéité. L'or ainsi, apparaît au travers de la couleur et, même, l'artifice complémentaire d'un verre posé sur le tout, achève l'illusion de la cristallisation du travail à froid en place du travail à chaud.

Certes, démasquer pareille fraude est l'enfance de l'art. Mais qui oserait vérifier la qualité des écailles de la croûte de couleur? Cette pâte de couleur qui fut

Fig. 106. — *Le chef de saint Martin* (le vrai ou le faux ?).

séchée à chaud, ne peut rivaliser avec la véritable couleur vitrifiée et, cependant, l'idée de profaner un chef-d'œuvre retient la main profane des incrédules. Sans compter que le marchand vous fera payer cher le triomphe de votre contrôle. Depuis quand abîme-t-on ce qui n'est point à soi ?

Au surplus, le verre léger qui recouvre la peinture, s'oppose au contact direct, et ce verre est étonnamment irisé, désagrégé, antique ! C'est l'instant de revenir aux profitables trouvailles du sol et, si nous suivions nos truqueurs à travers les champs, nous les verrions se baisser souvent pour y ramasser les morceaux de verre, les vieux os, les débris de pots, de ferraille, de cuir et autres détritus qu'ils mettront soigneusement de côté. Ces morceaux de verre, naturellement maltraités par les intempéries, donneront, mieux que les écailles d'ablette, l'illusion du passé ; de même ces vieux os auront des airs plus préhistoriques que l'os moderne patiné, et aussi ces débris de pots... gallo-romains, toute cette ferraille et tous ces cuirs... mérovingiens !

Examinons maintenant, la verrerie et les vitraux, solidaires dans la cuisson, des émaux.

Nous venons de voir les moyens naturels de représenter le verre ancien, quant aux débris du moins, et l'on conçoit que des pièces entières ou presque intactes puissent être pareillement maquillées. Il suffit ensuite d'étiqueter ces pièces, de reconstituer approximativement leur forme, si celle-ci a subi les orages du temps et, le couronnement de l'artifice est la présentation sur un socle. Mais ceci a trait à l'antiquité et, en ce qui concerne les belles verreries de la Renaissance, les verres de Bohême, de Venise et autres réputations, on se contente de les pasticher avec un art qui n'a pas, au reste, démérité de l'ancien.

Néanmoins, comme l'ancien est seul réputé, on vieillit le moderne en érayant, en fêlant sa matière que l'on mutile même, au besoin. Aux écailles d'ablettes collées sur les parois du verre, pour obtenir l'irisation lointaine, on préférera avantageusement le vieillissement à l'air. L'enterrement dans du fumier, de préférence, n'est pas moins favorable, d'autant qu'il ajoute à l'irisation, des embus et des taches (sans oublier qu'il garnit à merveille les fêlures) d'une parfaite vraisemblance.

Marquez maintenant votre coupe, votre fiole, d'inscriptions, de chiffres, d'armoiries, et, de même qu'une vieille vitre ajoute à l'authenticité du faux dessin qu'elle recouvre, vos truquages auront pris leurs brevets et leur personnalité !

Pareillement, si vous travaillez à la meule un vieux verre de cristal sans décor, vous pouvez lui donner sinon une beauté, du moins une richesse qu'il ignorait initialement, et, dès lors, son prix est triple et quadruple. Croyez bien que les marchands ne faillissent pas à ce dernier stratagème, non plus qu'à des additions de peintures et de dorures effacées, nébuleuses à souhait. Des reconstitutions — salières et burettes modernes, par exemple, — placées dans des vieilles montures de bois ou de métal authentiques, ne leur répugnent pas davantage. Ici, c'est le cadre qui sauve le tableau, comme là ce sera le socle.

Sur les débris d'une base de vase réellement antique, on construira tout un vase faux ; comme pour pouvoir profiter avantageusement d'un morceau de bras certainement d'origine grecque, on modèlera, ainsi que nous l'avons vu, tout un personnage... grec ; reconstitutions ! restaurations !... Et ce sont deux pendants subitement retrouvés pour les nécessités de la vente ; plus de dépareillage possible !

Mais nous savons tout cela, et nous passerons au vitrail.

Laissons de côté surtout, les imitations « en toc » de cette somptueuse expression. Ah ! les aberrations de la vitrauphanie et autres élucubrations économiques, d'un goût déplorable, où le papier de couleur transparaît encadré de papier-plomb ! Et nous nous garderions encore d'oublier, dans notre énumération dérisoire, les singeries non moins douteuses, des vernis de couleurs qui jouent d'autre part, et avec quelle audace ! sur des vases dépolis (*fig.* 107), la préciosité des Gallé et des Daum.

Nous renvoyons d'ailleurs, le lecteur, à la connaissance technique du verre, avant qu'il ne nous lise ; c'est cette étude élémentaire qui servira plus sûrement de base à son jugement, fortifié au surplus, par une culture artistique. Qu'il ne confonde pas tout

# LES FAUSSES TAPISSERIES 287

Fig. 107. — *Un faux Gallé*, peinture au vernis de couleurs sur verre dépoli.

d'abord, le verre moulé avec le cristal taillé, ni la vitrauphanie et ses dérivés, avec le vitrail.

Le véritable vitrail a une beauté qui devra émouvoir avant même que l'évidence technique ait parlé. Analysons premièrement cette beauté, matériellement, si l'on peut dire, aux qualités du dessin, à travers les caractères des temps et du style. Les couleurs devront être délicatement harmonisées, — point de tons criards — et, exigeons par-dessus tout cela, cette patine pénétrante, mystérieuse et précieuse qui a déjoué les plus noirs desseins. De même, les lettres et inscriptions ne mentent guère à leur époque, en dehors de leur lecture plus ou moins aisée. Attention à ce qu'elles signifient vis-à-vis du sujet! gare à leur trait trop accusé ou à leur effacement excessif dans une partie où le sujet est en bon état.

Quant au verre ancien — nous touchons là à la partie technique — il est gondolé et légèrement dépoli sur une de ses faces, par suite d'une seconde cuisson qui solidifiait les couleurs. (*Nota bene*): les plus anciens vitraux ne remontent pas au delà du XII$^e$ siècle (observation à retenir, en présence de certains sujets antérieurs à cette date), et les pièces de verre deviennent plus grandes et les plombs[1] plus espacés à partir du

---

[1]. Alors que les anciens verriers n'avaient recours aux plombs que par stricte utilité, la dimension plus ou moins grande de leurs verres limitant l'essor de la matière transparente, les verriers d'aujourd'hui, qui n'ont plus cependant les mêmes raisons restrictives, accumulent irrationnellement, et comme à plaisir, les séparations de plomb, à l'instigation du dessinateur abusé.

xiv$^e$ siècle (caractéristique encore à noter). L'art du vitrail s'éteignit avec l'art ogival, et les xvii$^e$ et xviii$^e$ siècles ont peu brillé dans le genre : voilà enfin qui limitera l'étendue de notre admiration. Mais cela n'est point tout, en ce qui touche à la technique, les plombs employés pour la réunion des verres anciens ont un aspect spécial. Ils ignorent la netteté et l'égalité actuelles; et leur soudure est presque invisible ou d'une grossièreté qui n'exclut pas le pittoresque. Cela tient aux moyens primitifs opposés aux procédés modernes, plus rigides, plus économiques et fatalement moins « amusants ».

De la fabrication primitive dérive également certaines imperfections du verre, boursouflures et trous inconnus de nos jours. Mais rassurez-vous, on arrive tant bien que mal à réaliser les fameux trous, du moins en aspergeant de couleurs liquides le vitrage avant la cuisson. Les petites taches ainsi obtenues se fixent, s'incrustent dans la matière fusible, et font l'effet désiré derrière la couleur. Pour patiner, enfin, à l'unisson, verre, couleurs et étain, d'aucuns préconisent un frottis général dans la composition duquel entrent des ingrédients variés, souvent du noir de fumée et de l'essence de térébenthine, du beurre d'antimoine et autres patines salissantes, ou mieux « vieillissantes ».

Autres observations relatives à l'évidence du vitrail cuit : les couleurs sont solides, on ne peut les essuyer (ni à l'eau, ni à l'alcool), les gratter, ni même les rayer.

Ainsi prendrez-vous en flagrant délit, les impressions peintes ou photographiques, les collages de papier diaphane, les vernis colorés, etc.

Au tour des miniatures maintenant! Nous avons déjà dénoncé les photo-peintures et photo-miniatures ingénieusement placées sous verre, ainsi que les fines gravures enluminées; voici ensuite, de bonnes copies, voire des originaux d'après des figurines du temps, soigneusement peintes sur des vélins anciens, sur des ivoires jaunis. Comme nos artistes modernes n'ont pas démérité, ils emploient avec talent les mêmes pinceaux et couleurs que ceux de jadis, et l'industrie leur fournit aussi les matières métalliques, depuis la tôle et le cuivre, jusqu'à l'or et l'argent, usités par nos pères. Point donc n'est besoin de les patiner ces supports, ils ont leur âge véritable sinon leur beauté vénérable !

Comment alors nous y reconnaître ? Comment ne pas être pris à l'artifice du cadre ancien ? du verre protecteur consciencieusement usagé, à défaut d'une sorte de vernis Martin, parfaitement imité, qui en tient lieu! Désencadrez maintenant la miniature (*fig.* 108) suspecte, le fraudeur a tout prévu, il a collé au verso de son œuvre un vieux papier du temps, quelque morceau de gazette, et vous voici convaincu. Ajoutez à cela, que les miniatures se découvrent comme par hasard, dans les milieux de vieille noblesse provinciale et qu'elles s'auréolent, pour les besoins de la cause, de noms ronflants. Quelquefois la miniature est vraie, mais elle prête alors son masque anonyme à de grands capitaines, à de belles dames, à de célèbres courtisanes,

FIG. 108. — *Fausse miniature*, cadre ancien, photo-miniature collée, au verso, sur un morceau de vieux journal.

qui éveillent aussitôt l'intérêt de la vente. Quant à parler des retapages de la miniature — aussi redoutables que ceux du pastel — ils nous entraîneraient trop loin et, d'ailleurs, ils se trahissent souvent d'eux-mêmes par la maladresse des reprises ou par la lourdeur des empâtements. Il reste cependant à souligner, dans la miniature ancienne, la douceur des rouges-vermillons et des roses, la qualité des verts bleutés, l'absence de ces nuances d'aniline si crues, de ces tons enfin, si modernes, qu'ils semblent en contradiction avec la monotonie charmante et l'éclat réservé d'une facture étonnamment sobre, estompée enfin dans la brume des ans.

Et que peuvent, après cela, les trucs qui consistent à peindre de fausses miniatures sur des supports piqués de moisissure, des enluminures sur des parchemins rongés par des acides! Est-ce que la facture elle-même, de ces miniatures et enluminures, voire de ces chromos, avec la parcimonie de leurs moyens et l'économie de leur matière (la dorure chimique peut-elle rivaliser avec l'or bruni au polissoir?) trompe une seconde un œil avisé?

L'analyse seule de la couleur, une exposition brutale au soleil, suffiraient à dénoncer la supercherie, si déjà le manque de finesse, quelque sabotage dans la minutie générale, n'avaient pris les devants. A chaque époque les matériaux changent, et la conscience, pareillement, évolue aussi bien chez l'artiste que chez les fournisseurs de produits artistiques. Voilà le défaut de la cuirasse ; on faisait tranquillement des œuvres, autrefois; aujourd'hui on se dépêche de donner des impressions: les siècles sont différemment pressés et leur hâte, en même temps qu'elle vulgarise l'art, vulgarise les matériaux de l'art. Différence d'inspiration comme de réalisation, mais gageons que notre ère du « toc » ne risque guère, plus tard, de tenter les fraudeurs. Comment s'en tireraient-ils d'ailleurs? Comment pourraient-ils, — du moins en ce qui concerne notre production décorative, — réaliser un bénéfice sur l'économie de la matière !

Mais nous voici au bijou ancien. Ne parlons pas du titre « Fix », essentiellement moderne, non plus que nous ne mentionnâmes le ruolz et l'alphénide, aussi parfaitement adaptés à notre faux luxe d'orfèvrerie que les ors au mercure, les doublés, etc.

Le bijou ancien a été excessivement imité, et on le reconnaît principalement à la qualité de sa monture douce au toucher et à l'œil. Comme le meuble, il connaît aussi les moyens de se multiplier avantageusement: ainsi de deux boucles d'oreilles fera-t-on deux broches, dont une bordure rajoutée augmentera le volume ; à moins qu'un simple bouton de vêtement suffise à cet effet, ou bien une boucle d'oreilles dépareillée. Souvent, pour faire croire à la vérité d'une monture en roses — si fréquente sous Louis XVI — on se bornera à sertir à la façon des roses de jadis, quelques pierres en cristal taillé (*fig.* 109). Mais il faut insister sur la ressource artificieuse des boutons en métal rehaussé de pierreries ou simplement en acier taillé. Il y eut des boutons d'habits merveilleux autrefois, et de là à les adapter au bijou, il n'y a qu'un pas.

Un autre moyen employé par le fraudeur consiste

à orner de fausses pièces une monture véritable et *vice-versa*, de telle sorte que la sincérité de l'une ou de l'autre de ces matières jette un doute favorable... au marchand. Cependant, la sertissure ancienne ne présente pas les angles aigus de notre travail moderne ; le métal ancien est doucement coupé ; au surplus sa patine ne saurait céder à l'action de la brosse comme les « vieillissages » artificiels, et les marques de l'usure, point davantage, n'ont pu être bien imitées.

Du côté de la pierre précieuse ancienne, même observation relative à la patine. Les vieilles pierres ont un éclat atténué, elles sont légèrement ombrées, et leurs facettes sont adoucies. Certes on peut arriver à élimer artificiellement les angles de ces pierres, mais en somme, l'opération est dangereuse et coûterait souvent davantage que l'artifice. L'altération interne, d'autre part, est irréalisable en dehors de l'action du temps, malgré qu'on soit arrivé à remplacer le ton jaunâtre des diamants du Cap par un ton bleuâtre plus profitable. Et comptez-vous enfin pour rien les rubis et autres gemmes dits de synthèse ! Ces gemmes, dont le mensonge a parfois l'accent de la vérité ! Et ces camées creusés à la machine, et ces intailles également ! Camées et intailles imprimés, estampés dans des ciments, dans des cires solidifiées ! Bijoux fourrés ou creux, autant d'illusions économiques que nos aïeux ignoraient. tout comme nos bijoux à l'emporte-pièce, moulés, qui vont rejoindre dans l'arsenal du toc (bâti en ciment armé!) les zincs « d'art », les albâtres et les stucs...

Les zincs « d'art » (*fig.* 110) en place du riche métal de bronze doré et ciselé, les albâtres et les stucs, en place de marbre, les plâtres moulés, les cartons-pâtes au lieu des sculptures en plein bois, marchent de pair avec le celluloïd, qui voudrait jouer à l'écaille dont cependant la matière inflammable est plutôt dérisoire, avec le pégamoïd qui prétend rivaliser avec le cuir... et nous verrons bien d'autres misères !

## CHAPITRE XIII

**Le truquage des bronzes**
**Les fausses médailles, armes et armures, etc.**

Nous avons noté au passage, précédemment, les prétentions du carton-pâte. Nous développerons un peu ici, ces prétentions d'ailleurs odieuses, mais qui pourraient illusionner, du moins à l'œil, l'amateur pressé. Le plâtre moulé a remplacé avaricieusement les belles sculptures en pleine matière, du passé.

Pâtisseries en rosaces aux plafonds, trophées aux lambris, moulures à l'entour des glaces et des cadres, à vrai dire ne sauraient nous tromper longuement sous l'empâtement de la couleur qui les associe à leur fond en faux bois, en faux marbre. Le cadre en carton-pâte, doré et patiné, encore, dont nombre de tableaux modernes et aussi tant d'autres reliefs plus orgueilleux que délicats, affectionnent la parure à bon marché, ne mentira pas au delà de l'effet immédiat. Toutes ces contrefaçons, au surplus, sonnent le creux ; elles partagent en cela le sort des moulages en plâtre métallisé, d'un poids non moins révélateur.

N'hésitons donc pas à frapper la matière pour l'éprouver et, de la sorte, elle nous parlera franchement, malgré qu'il en coûte à un vulgaire zinc estampé, d'être découvert, caché sous de hautaines dorures et ciselures de contrebande !

Les artifices du moulage dans nos musées, outre qu'ils ont souvent gâté les originaux, ont vulgarisé honteusement la fraude du beau, et nous ne parlons pas des copies non moins désastreuses. Il faut donc se méfier des reproductions de bronzes connus (pour nous en tenir à ce métal), et, le procédé que nous avons dénoncé à propos des vrais poinçons incorporés à des pièces d'étain fausses, se retrouve ici. Dans les débris de ferraille où l'on puise tant d'éléments captieux, on découvre aussi bien des vieilles boucles pour vieux souliers truqués, que des vieux cuirs pour faire des ceintures de chouans « authentiques », et pourquoi ne voudriez-vous pas que, par la même occasion, quelques marques de contrôle anciennes ne tombent pas sous la main de nos brocanteurs?

Et voilà l'origine de tant de chandeliers et de candélabres officiellement estampillés à leur base que l'on a simplement soudée à un fût neuf, pour authentiquer l'ensemble. Et voilà l'histoire de tant de pièces d'orfèvrerie modernes vouées à l'ancien, grâce à quelque fond de gobelet, par exemple, aux marques véritables de Louis XV, transposé avantageusement sur une rutilante cafetière de nos jours. Ne croyez

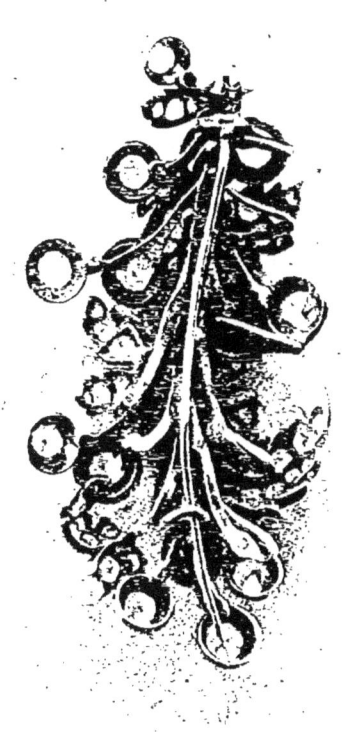

FIG. 109. — *Broche* (verso) ornée de cristaux taillés et montés à la manière ancienne.

pas d'ailleurs, que les cartels avec un cartouche en

émail où figure un faux nom d'horloger célèbre) échappent à cette supercherie, et nous allons, à propos du bronze toujours, nous arrêter à quelques moyens pratiques qui concernent son identification en général.

Attention à la qualité des soudures généralement mal faites ou d'un alliage grossier, et surtout à la couleur du bronze doré !

Les bronzes dorés anciens (*fig.* 111) recèlent en leurs creux, une patine roussâtre, une sorte de vernis incorporé à la matière, que des frottis ne sauraient enlever, alors que des teintures artificielles, gommes, résines et autres, au contraire, n'y résisteraient pas. L'envers des vieux cuivres aussi, s'il est brillant alors que son endroit est patiné, doit s'avouer vaincu ; sans compter que la façon des vieux cuivres était fort soignée, tandis que la nôtre est plutôt sommaire. Les vieux cuivres sont d'un poli et d'un onctueux extraordinaires, au recto, s'entend ; ils présentent rarement des trous ou des boursouflures qui trahiraient plutôt le sabotage cher à nos productions actuelles. Aussi bien, si les truqueurs s'entendent parfaitement à vieillir l'or avec du nitrate de potasse, cela ne remplace pas l'action du brunissoir et celle des temps, le cuivre est alors irisé, mal réparti sur l'ensemble de la pièce et sans résistance à l'acide. D'ailleurs, le plus souvent, le cuivre reçoit une dorure économique qui s'accorde avec une ciselure bâclée. Elle sent sa récente extraction du moule.

L'étude du métal nous amène à parler des médailles.

Ah! la multitude des médailles anciennes! Ah! la richesse de nos médailliers, qui cumulent si ingénument les jetons et les pièces, toute une fausse monnaie imposante! Sans compter que ce trouble s'accuse à la pensée de l'immense quantité de médailles, d'une signification non moins embarrassante, que Benvenuto Cellini exécuta pour l'ornement du chaperon des dames et des gentilhommes de son temps! Chacun, en commandant cet ornement, y faisait graver, suivant ses goûts personnels, son caprice et celui de l'artiste, des sujets ou des allégories qui sont devenus, naturellement, lettre morte pour nous.

Il est vrai que nos savants ne sont jamais à court d'imagination. Rappelons plutôt l'anecdote célèbre, contée par M. Paul Eudel (*Le Truquage*), de certain pot soi-disant ancien — digne pendant à la non moins antique et proverbiale tiare de Saïtapharnès — marqué des quatre lettres M. J. D. D. où un puits de science déchiffra imperturbablement quelques paroles votives à l'adresse de Jupiter, alors que ces lettres n'étaient que l'abréviation de Moutarde Jaune De Dijon!

Et quelles sottises ont dû encore être dites par tant d'érudits numismates! Quand on songe à l'habileté des médailleurs modernes, à l'étonnant outillage actuel, aux procédés perfectionnés de la frappe et de la galvanoplastie, il ne peut guère en être autrement et, cependant, nos devins ne suspendent pas leurs oracles.

Par la galvanoplastie, on reproduit cependant toutes les pièces, qu'il suffit ensuite de patiner, de dorer, de vieillir au vernis, ou d'oxyder. D'autre part, les faussaires, toujours à la piste de la rareté, se font un jeu d'accoler ou d'encastrer deux précieux avers et revers provenant de deux pièces sciées ou entaillées ; de substituer des signes, lettres ou chiffres intéressants, à d'autres sans intérêt. On lime, en ce dernier cas, les indications sans intérêt, et on frappe à la place de nouveaux coins. Autres pratiques frauduleuses : la trempe dans un liquide corrosif qui, en attaquant le métal, dénature son décor et en interdit la vérification exacte ; des reprises au burin, des restaurations visibles sur une partie pour que l'on soupçonne authentique l'ensemble de la pièce, etc.

Malheureusement pour les fripons, il existe quelques moyens certains de contrôle. Tout d'abord les anciennes médailles étaient frappées et non coulées. Attention donc aux bavures du moule qui trahit le coulage et à la fois le faux. Attention aussi, si l'on redoute l'accolage ou l'encastrage, à l'unité entre le champ et le bord, ainsi qu'à l'harmonie des lettres (de l'avers au revers) et de la patine. De même, en pesant deux médailles, l'une frappée, l'autre fondue, on s'aperçoit qu'à volume à peu près égal, la médaille fondue est sensiblement plus lourde que l'autre, et puis, pour faire disparaître le fin liséré ou bavure du moule sur la tranche, on a recouru à la lime, autre piège à éventer. Et nous ne parlons ensuite que pour mémoire, de certain métal doré qui, recouvert d'or ou d'argent, prend feu au contact de la flamme, tout comme nos louis de moderne contre-

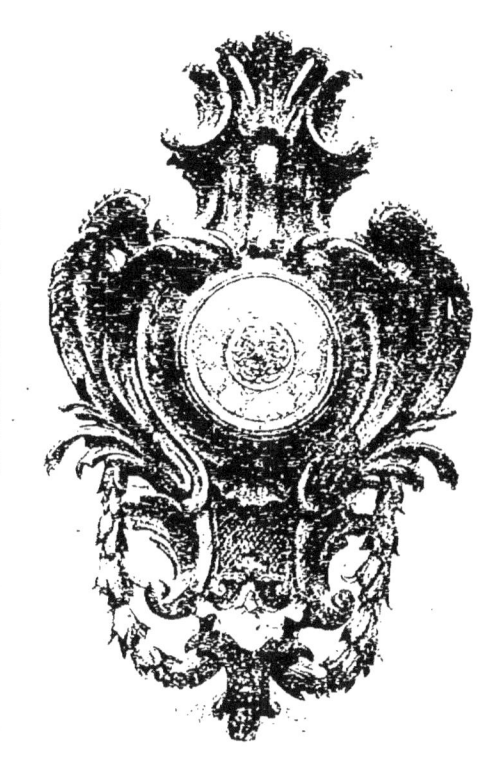

Fig. 110. — Cartel en zinc estampé et doré.

façon, en verre doré, se brisent si l'on veut éprouver excessivement leur son cristallin.

Du côté de la frappe, la fraude est plus difficile à

découvrir. Cependant, la finesse du décor, légèrement estompé, têtes ou lettres, est malaisée à imiter sous le balancier actuel, plutôt rude, sur une matière moins capricieuse que l'alliage ancien, fait de cuivre et d'étain. D'autres défections matérielles, comme le poli exagéré des flancs, peuvent encore desservir les meilleures intentions, mais les fautes de style et d'histoire, le dessin erroné de certaines lettres, renseignent bien davantage l'amateur érudit.

Quant aux patines artificieuses, il faut dire qu'elles ne sont guère tenaces. C'est le vert-de-gris ne résistant guère à l'action du citron qui met à nu le cuivre neuf; c'est l'eau bouillante ôtant les vernis et débarrassant le métal de tous autres ingrédients « vieillisseurs », alors que la patine des temps résiste victorieusement à ces épreuves.

Il est vrai que, vraie ou fausse, la pièce antique se doit à la maculature qui la pare, au point que la monnaie ou la médaille la plus authentique n'aurait plus de valeur si on la nettoyait. Ne vous avisez pas non plus de rayer avec une lame quelconque la surface de la pièce; ce moyen, qui vous permettrait de mettre à nu le métal neuf si la pièce est fausse, vous est interdit. Et vous voyez d'ici encore, le parti que tire le marchand peu scrupuleux de ce respect consacré, providence éventuelle du contrôle !

C'est ce même marchand qui saura intercaler des médailles fausses parmi des vraies, dans un collier, par exemple, et qui excellera pareillement dans le bijou, à donner frauduleusement du poids à la riche matière, en fourrant avec quelque alliage de plomb, des chaînons en or creux, placés çà et là, à côté de chaînons en or plein. Allez donc, après cela, vous fier exclusivement au poinçon de contrôle qui, d'ailleurs, figure sur un chaînon impeccable !

Il n'empêche qu'en dépit des connaisseurs, les médailles soi-disant uniques — les plus inquiétantes, encombrent jalousement les collections. Qui n'a pas sa médaille unique ? Il en est de cela comme des coqs de montres anciennes, plus nombreux certainement qu'il n'y eut jamais de montres anciennes !

Nous voici maintenant aux armures, non moins innombrables, et il y a longtemps cependant, que les armures ne courent plus les rues ! Mais alors, que deviendraient les panoplies, sans elles, et leur cortège de dagues, de masses d'armes, de boucliers, de rapières ? La fonction crée l'organe, comme la soif de l'amateur encourage la fraude.

Bref, notons, en nos préliminaires, les observations techniques fondamentales suivantes : les armures et armes véritables sont en acier : elles ont été forgées. Leur métal est travaillé, embouti au marteau, et chacune de leurs pièces est rivée. Repoussons donc immédiatement, les armes et armures en fer battu, sans épaisseur ni aspect, ainsi que leurs expressions similaires en fer-blanc. De même, considérons pour fausses, au premier coup d'œil, les pièces fondues, ainsi que celles sur lesquelles on remarque des traces de soudure[1] ou de brasure. On ne soudait ni ne brasait aux temps qui nous occupent.

D'autre part, il faut savoir que les armures anciennes, pour être à la fois plus souples et plus résistantes, étaient faites de deux pièces de tôle amollies au feu et battues ensemble, de manière à les unir. Il importe donc que le connaisseur consulte cette doublure pour tâcher de découvrir des parties soulevées, décollées, qui constituent l'authenticité. Les clous, également, ont leur importance, en matière de contrôle. Dans les armures véritables, les clous, généralement, répondent à un but d'utilité. Attention donc aux clous fastidieusement ornementaux. Toutefois, à propos de cette utilité, il est bon de ne pas oublier que, parfois, des clous supposés sans objet, au premier coup d'œil, se justifient, au contraire, comme soutiens de garnitures de cuir intérieures, le plus souvent disparues.

Une autre particularité à noter, dans les casques véritables : ils sont faits d'une seule pièce, les visières seules sont rajoutées.

Dans l'ensemble enfin, il importe de ne pas perdre de vue, si l'on veut reconnaître le style des armures, que celles-ci sont solidaires du vêtement, à chaque époque. C'est ainsi par exemple, que, sous François Ier, on aperçoit des « crevés » sur la parure de fer des guerriers.

---

1. On soudait seulement certaines pièces de raccommodage, des accrocs, et ces armures rapiécées-là ont fatalement disparu.

Revenons maintenant aux moyens employés pour patiner frauduleusement le fer : nous connaissons les moyens de le rouiller en l'enterrant et en l'arrosant

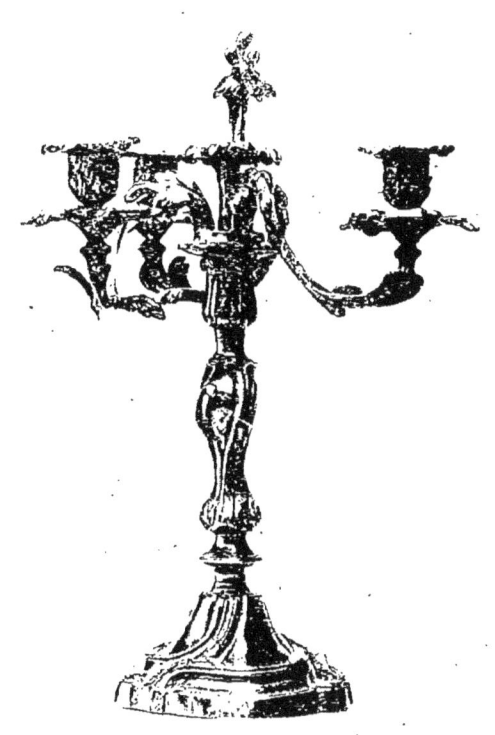

Fig. 111. — *Véritable candélabre de style Louis XV*, cuivre doré et ciselé.

d'eau ou d'acide ; nous savons aussi qu'il suffit de l'exposer aux intempéries, mais il y a des moyens plus rapides de précipiter l'oxydation, en l'impreignant par exemple, d'acide chlorhydrique.

Grâce à cet artifice, on obtient, d'autre part, une étonnante profusion d'érosions qui illusionnent très favorablement le « gogo ». Aussi bien, on arrive à exprimer la vénérable rouille noire au moyen d'un vernis noir, parcimonieusement distribué, grâce à un soigneux effaçage après l'enduit complet et, quant à la superbe patine du bronze, réservée aux similiglaives antiques, nous n'ignorons pas qu'on la réalise en provoquant des verts-de-gris quasi spontanés, notamment sous l'action du sel mouillé de vinaigre et du jus de citron.

Or, pour déjouer ces tours, il suffit souvent d'une friction sur le métal et le papier de verre est l'ennemi de la rouille superficielle.

La rouille noire elle, doit cependant davantage nous laisser rêveurs, étant donné qu'elle s'applique fréquemment à cacher les soudures et autres brasures qui la trahiraient.

Si l'on poursuit l'énumération des trucs du faussaire, on trouve tout d'abord l'imitation du poli remarquable des vraies armes. On l'obtient assez bien, en frottant patiemment le métal avec un chiffon doux humecté d'encaustique à l'essence ; toutefois, un œil averti ne se trompe guère au reflet plutôt terreux ainsi acquis en place du gris bleu franc du vieil acier authentique.

Le véritable damasquinage (*fig.* 115), d'autre part, dont les opérations autrefois étaient si précieuses, a été remplacé vulgairement par la *damasquine ;* c'est-à-dire qu'au lieu d'insérer des fils d'or ou d'argent dans des sillons ciselés en plein métal, fils d'or sertis après coup dans le refoulement des bavures, on se contente aujourd'hui de glisser des mixtures d'or, ou de l'or en feuilles, dans les méandres d'un dessin mordu à l'acide et, lorsque l'on a limé les reliefs du métal précieux au niveau de l'acier, le travail de damasquine est achevé.

Or, pour distinguer le damasquinage de la damasquine, il suffirait d'aller chercher avec un outil fin le fil d'or continu qui se trouve enfoui dans la première de ces opérations. Ce fil se déroulerait alors dans toute l'étendue du dessin, au fur et à mesure qu'on le tirerait, tandis que, dans le second cas, on ne rencontrerait que du métal désagrégé.

Autre mode d'imitation du damasquinage : on dore (ou on argente) à la pile et, à l'aide de potasse caustique, l'or ou l'argent est dissous, hormis aux endroits protégés par un vernis, qui constituent le dessin se détachant alors, doré (ou argenté) sur le métal. Des retouches de ciselure ensuite, achèvent l'illusion.

Voulez-vous maintenant une lame de Damas? Les moirages même les plus délicats ne déconcertent pas le truqueur. Il matera simplement sur l'acier brillant des dessins simulant des ondes capricieuses, et souvent on sera pris au piège. Non moins mystifié sera-t-on encore, si l'imitation du moirage a été obtenue au moyen de réserves et d'acide, ce dernier corrodant la matière à l'entour des endroits protégés.

Retenir ces artifices et les dévoiler n'est point néanmoins, tâche aisée, et il faut un long examen de la matière avant de se prononcer. Toutefois il importe d'être davantage en méfiance, lorsque l'on se trouve en présence d'une pièce intrinsèquement sans valeur, car on eut tout intérêt à lui donner du prix, et alors nous assistons au retour de la manœuvre décrite lors des meubles, étains, cuivres, etc., embellis après coup, d'ornements, de sculptures.

En revanche, on conçoit qu'une pièce, coûteuse par elle-même, puisse se passer de ces enjolivements qui, outre qu'ils feraient double emploi, seraient fort onéreux. D'ailleurs, c'est toujours de l'économie dont sont victimes les plagiaires, qu'ils incrustent l'ivoire dans les crosses de pistolet ou qu'ils le niellent. La riche matière est plaquée au lieu de faire corps avec le bois, on la ménage aujourd'hui, contrairement aux temps jadis, et les nielles sont exécutées sur de vulgaires dessins sans esprit ni volonté — souvent même au mépris du style de la pièce qu'ils parent! N'avons-nous pas déjà été mis en alarme par les similis meubles de Boulle? C'est là, d'ailleurs, que nous les guettons ces altérations, pour crier au voleur! Attention donc, aux fausses incrustations; même, d'aucuns les simulent avec un trait noir ou à l'aide de la pyrogravure ; cette dernière pratique convenant surtout à des ornements jalousement ménagés dans les crosses et fûts de fusils. Et naturellement, puisqu'il s'agit de singer la beauté, vous ne serez pas surpris que la pyrogravure s'emploie à des méfaits analogues à ceux du meuble où nous la vimes jouer la marqueterie,

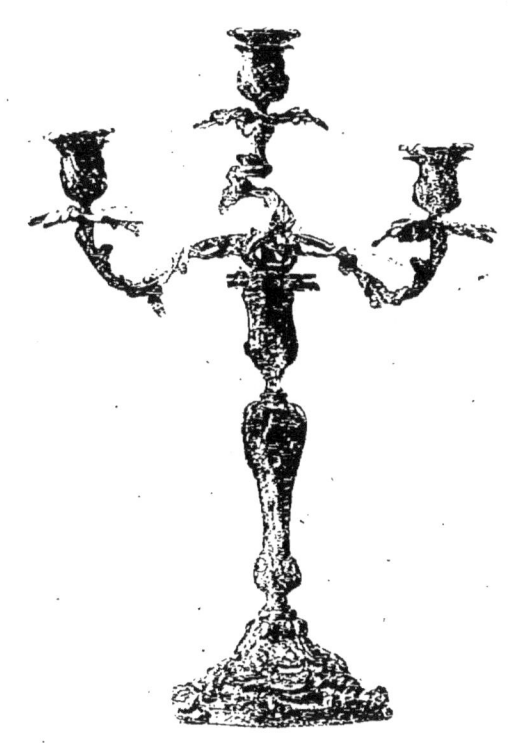

Fig. 112. — *Candélabre imitation de style Louis XV.*

silhouettant des ornements sur un même bois clair que des teintures varient de couleurs, pour simuler des applications de bois d'essence différente. La pointe incandescente rappelons-le, ne se borne point à marquer l'emplacement et les joints du placage frauduleux, elle grave des filets, elle taille même des motifs de sculpture...

Pour en revenir aux épées anciennes (*fig.* 114) et avant de les quitter, nous dirons que leur fraude est trahie plutôt par la qualité de la facture. Expliquons-nous sur cette singularité imprévue, certes, en matière de faux ! Les fausses épées, non plus exécutées à la main comme autrefois, *sont trop bien faites.*

Le pittoresque des épées de nos ancêtres résidait en l'assemblage de parties battues à l'enclume, inégales d'épaisseur et de silhouette, fatalement. Les fils de métal qui, par exemple s'enroulaient autour de la poignée et de la garde, n'étaient pas de même grosseur. Étirés au marteau, ils ignoraient notre tréfilage actuel et, pareillement, le pommeau et la lame sont d'une irrégularité caractéristique dont rougiraient peut-être nos ferronniers modernes.

Cherchons donc bien sur les armes dites anciennes, le contrôle du coup de marteau (et aussi, plutôt, la naïveté des ciselures) et retournons aux méfaits de la pyrogravure.

Voyez-la opérer maintenant, sur les vieux cuirs ! Combien elle a simplifié, en matière de faux Cordoue, l'aride tâche précédente ! Elle ouvre de précieux sillons bruns où les ors se cachent discrètement, elle supprime la molette et le burin, elle tourne en tous sens mieux que le plus adroit canif, et, au surplus, les contours de ses motifs ont une chaleur des plus séduisantes.

Lorsque des vernis colorés auront achevé l'illusion

Fig. 113. — *Un faux bouclier ancien*, métal estampé, rouillé et argenté sur ses reliefs.

de richesse propre aux fameux cuirs, fort bien imités d'autre part, par certains papiers de tenture, on vieillira l'ensemble de ces truquages, on les auréolera, on les incorporera aussi à la matière déjà vieille, au moyen des habiles salissures que nous savons, en usageant, en détruisant enfin, l'aspect du neuf.

Mais s'il nous fallait parler des faux cloisonnés, exprimés à l'aide de sertis peints où s'encastrent des couleurs d'émail ou d'encaustique, nous n'en finirions pas; autant vaut ici nous borner à notre matière et, pour revenir à nos armes et armures, nous accuserons encore, après les viles contrefaçons du précieux burin, les détestables créations, adjonctions, restaurations, reconstitutions et autres réparations métalliques dues à la galvanoplastie.

De cette pratique dérivent nos plus cruelles déceptions, d'autant que notre imagination aime à voyager dans le domaine de l'inconnu, et que c'est de l'inconnu que nous arrivent les pièces les plus rares, au sortir du bain électrique ! Voyez l'engouement du public pour l'orientalisme de bazar qui nous vaut cette foison de yatagans, de kandjars, de cottes de mailles circassiennes fabriqués un peu partout en Europe !

Voyez avec quelle ingénuité souvent, nous rêvons au désert lointain, à la terre d'Afrique ! en contemplant cette multitude de flèches (plus ou moins empoisonnées) de haches et de sagaies qui encadrent des boucliers « en peau d'hippopotame » d'une non moins douteuse origine. Mais ne touchez pas à nos panoplies non plus qu'à notre foi, car il n'y a que la foi qui sauve.

FIG 114. — *Fausses épées anciennes*, métal fondu ; fils entourant la poignée : tréfilés ; erreurs de style.

C'est à l'ombre de cette foi que l'antiquaire malhonnête exerce. C'est lui, Monsieur, qui, au gré de vos désirs, fera décolleter — aussi outrageusement que vous le souhaiterez — le corsage de telle jolie femme qui figure si innocemment cependant, sur telle miniature ou tel tableau ancien ; c'est lui, Madame, qui trouvera précisément la petite table « rognon » que vous cherchez depuis si longtemps pour votre boudoir. Le marchand équivoque ne s'embarrasse jamais de rien, et pour cause ! Il sait les bons endroits, au besoin il les subventionne et, de ses fréquents voyages, de ruche en ruche, il dévalise de miel les abeilles, lorsqu'il ne les en approvisionne pas.

Connaître le défaut de la cuirasse, tout est là pour le malicieux serviteur de nos caprices ! Voyez-le spéculer sur le péché d'orgueil, et voici, par exemple, nos officiers d'académie « aux anges » ! Certains, du moins, qu'une gloire prématurée affole ! Ceux-là peuvent trouver chez quelques débitants de rubans, un violet spécial dont la propriété est de devenir rouge à la lumière artificielle. A ruban fallacieux, lumière artificielle..., et notre modeste « palmé » serait véritablement mal fondé de se plaindre d'être soudainement promu, aux feux de l'électricité, chevalier de la Légion d'honneur !

Mais il faut nous borner et atteindre notre fin. Comment d'ailleurs, décrire toutes les fraudes ! Aussi bien les vieux cuirs employés à la confection des simili-vieilles reliures, les caractères et dates d'imprimerie truqués, certaines pages entièrement refaites ainsi que les gravures, par l'opération de l'héliogravure ou à la main, à la plume, etc., nous entraîneraient à dénoncer les artifices du livre et nous nous répéterions... Effectivement, nous parlâmes déjà des papiers vieillis, corrodés par l'acide, des impressions et des fers artificiels, des faux dessins, des altérations factices des couleurs, etc. Qu'il nous suffise donc de dire, à propos de la reliure, que notre modernisme ici encore, n'a pas failli au progrès, en mettant à la portée de tous, les moyens de repousser, d'inciser, de dorer, de graver et de patiner le cuir, et, comme au fond, l'artifice d'art triomphe aujourd'hui sans grands risques dans tous les arts de la femme, nous n'aurons guère à déplorer les erreurs dont les amateurs novices auraient été victimes. Lorsque les ingéniosités du pasticheur, voire du faussaire, réunissent la somme de la beauté la plus infime, dans

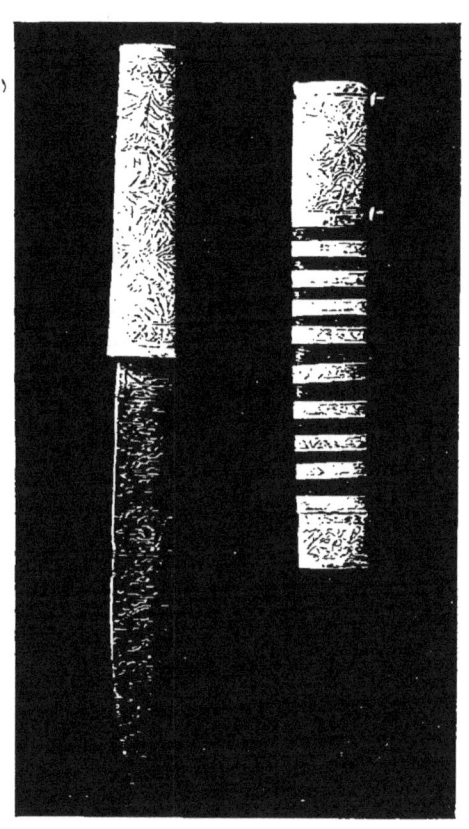

Fig. 115. — *Poignard à la manière ancienne*, faux damasquinage.

un maximum de rapidité d'expression et d'économie de matière, il semble que la critique soit désarmée.

Il y a des dupeurs tellement naïfs et des dupes si faciles!

Laissons donc les contrefacteurs d'autographes travailler en paix pour les collectionneurs. Ils excellent à reproduire, à main levée, les écritures, ou bien ils les décalquent, ou bien encore ils les reproduisent au moyen de la photographie en fac-similé, ou bien enfin, ils usent des nombreux systèmes de polycopie mis à leur disposition dans le commerce. Bref, des examens attentifs, des comparaisons, des lavages et grattages peuvent, à la rigueur, éventer toutes ces ruses, mais, en somme, nous quitterions le domaine artistique si nous entrions dans le détail de ces fraudes et de leurs remèdes. Et cependant, si l'on se laissait aller, le chapitre des fraudes en tous genres serait des plus comiques!

Sans parler des faux billets et titres de banque, des monnaies en plomb et autres cuisantes déceptions, que de diamants, que de perles en verre!

Et puis voici les faux faux-cols — sans pléonasme — en papier, en celluloïd, voire — ô comble! — en fausse toile! Voici les « chichis »! Voici les fourrures en *laponia*, ou peau de lapin teintée! Voici des tissus, des robes en papier! Voici les cheveux chinois, sans valeur, vendus pour des cheveux européens! Voici des parfums chimiques qui donnent l'illusion de la rose, de la violette, du jasmin! Voici des vins sans raisin, et tout le cortège des sophistications alimentaires! Voici des chevaux truqués! Voici des femmes peintes! Voici des fausses mâchoires! Et le défilé des faux timbres se prolonge dans la cohue des manies, du besoin d'illusionner, de paraître, de profiter. Il semble que ces faux timbres sont la digne suite des poinçons et signatures inauthentiques; l'oblitération officielle leur est refusée tout comme nous devons ne les accepter que sous bénéfice d'inventaire, en raison même de la gravité qu'ils se donnent.

Qu'importe que tel peintre fasse faire ses tableaux au su, sinon au vu de tout le monde! Qu'importe que tel sculpteur, que tel musicien ou que tel écrivain procèdent pareillement! L'œuvre seule demeure, bonne ou mauvaise, malgré la signature et en dépit d'elle.

Ce n'est pas la marque du luthier[1] qui chante dans un violon, c'est son âme.

Mais, notre scepticisme doit s'incliner devant la beauté. L'incrédulité est une autre forme de l'aberration lorsque cette prédisposition à la négation manque de bases solides et, au résumé, il faut apprendre à s'y connaître, en remontant aux sources du Beau qui jamais ne désenchante. Ainsi se rit-on de ceux qui voulaient rire et, des deux côtés, jaillit le contentement.

1. La fabrique la plus renommée d'instruments de musique anciens se trouve à Florence.

# CHAPITRE XIV

## Terminologie

### A

**Aciérage.** Opération qui consiste à donner au métal la solidité de l'acier. On *acière* une planche de cuivre pour lui permettre le tirage d'un plus grand nombre de gravures.

**Amusant.** Une facture *amusante* qualifie un faire intéressant et ingénieux. On dit d'un site pittoresque qu'il est *amusant*.

**Arrangement.** Recherche harmonieuse ou composition d'un motif.

**Avant la lettre** (Estampe). Se dit d'une épreuve de gravure dont le titre n'a pas encore été inscrit et par conséquent dont le tirage n'a pas encore été dans le commerce. Pour cette raison, les épreuves avant la lettre sont particulièrement estimées.

### B

**Barbes.** Bavures qui résultent de l'action du burin sur une plaque de métal. Comme les barbes disparaissent par l'usure, au fur et à mesure du tirage en taille-douce, il s'ensuit que les épreuves avec barbes témoignent du début du tirage ; elles sont, pour cette raison, très recherchées.

**Bitume.** Couleur à l'huile, de ton sépia. Cette couleur transparente qui ne sèche jamais, est nuisible à la conservation des tableaux.

**Broche.** Tige de fer qui, sur un métier à tisser, reçoit la bobine où sont enroulés les fils.

**Burin.** Instrument qui sert à entamer, à inciser le bois ou le métal. La gravure *au burin* est celle qui consiste à opérer directement sur le métal nu sans employer le vernis ni l'acide comme dans la gravure à l'*eau-forte*. Du moins, la gravure au burin ne recourt-elle à l'eau-forte que pour obtenir le tracé préalable de l'image à graver et pour achever le travail. La gravure *a la pointe sèche* ressemble à la gravure au burin, mais sa facture est plus libre et moins scientifique. On dit couramment d'une estampe exécutée au burin : un burin.

## C

**Canevas.** Voir *trame*.

**Caractère.** Avoir du *caractère* signifie avoir un type, soit dans la beauté, soit dans la laideur.

**Carreau** (Mise au). Opération mécanique qui consiste à augmenter ou à réduire un dessin à l'aide d'un réseau de lignes verticales et horizontales formant des carrés ou carreaux réguliers. Pour agrandir, on reproduit la partie du dessin inscrite dans un petit carreau dans un grand et, pour diminuer, on procède de la manière contraire.

**Chaine.** Ensemble des fils d'une tapisserie, d'une étoffe, placés dans le sens longitudinal, traversés par la trame.

**Chancis.** Moisissure et autres altérations provoquées artificiellement sur une partie d'un tableau pour cacher une imperfection.

**Chineur.** Chiffonnier, bric-à-brac, marchand de pacotille.

**Chipé**, c'est-à-dire emprunté, copié d'une manière plutôt frauduleuse.

**Couché** (papier), papier satiné, prenant l'encre, particulièrement employé pour le tirage soigné, en typographie.

**Craqueler.** Certaines couleurs (le bitume, notamment) et certains vernis, craquèlent sous l'action du temps, de la température.

**Croustillante** (pâte), pâte de couleur chaude, colorée et comme roussie.

**Cubisme.** Mode risible de peinture qui enferme les formes dans des cubes !

**Cuisine** (de peinture). Esprit de la facture ; résumé des ingéniosités de la palette et du métier du peintre en général.

**Cuite** (Terre) Œuvre en terre glaise cuite au four. On désigne aussi, de la sorte, l'œuvre elle-même. La terre cuite est d'un rose saumon.

## D

**Damasquine.** Procédé d'incrustation simulant le damasquinage.

**Damasquinage.** Mode riche d'incrustation de métal précieux dans le fer ou l'acier.

**Décalque.** Opération (et son résultat) qui consiste à reproduire un dessin par transparence sur un papier calque.

**Dessous.** Préparation de couleurs qui sert de première couche aux autres appositions de couleur.

**Déférent.** Appellation des noms, signes ou marques de l'atelier monétaire, de l'artiste, etc., apposés sur les monnaies.

**Détonner.** Ne pas être dans le ton que l'on veut réassortir. Détonner est une faute d'harmonie.

## E

**Eau-forte,** voir *Burin*.

**Eclectisme,** qualité de l'appréciation sans parti pris.

**Ecole.** Les élèves d'un grand artiste ; les imitateurs de son style constituent son *école*.

**Effet.** Un tableau à l'effet est celui dont une heureuse distribution de lumière rend le sujet saisissant.

**Eglomisé.** On appelle monture Glomi, une sorte d'encadrement propre aux dessins anciens, qui consiste en un filet doré généralement bordé de deux traits noirs.

**Emboutir.** Action d'arrondir au marteau et à froid une feuille de métal, la rendre convexe d'un côté et concave de l'autre, lui donner la forme d'une calotte.

**Embu.** Sorte de voile qui se produit sur un tableau et que le vernis fait disparaître.

**Empâtement.** Epaisseur de couleur.

**Emporte-pièce.** Outil qui découpe d'une seule pièce selon la forme déterminée.

**Enlevée** (Facture). Facture habile, comme exécutée du coup, sans reprises.

**Epreuve.** Résultat d'un tirage, d'un moulage.

**Estampage.** Résultat de l'impression d'une matière dure sur une matière plus molle.

**Etat.** Désignation d'une des phases d'un tirage de gravure (en taille-douce) avant qu'elle soit terminée.

## F

**Facture.** Expression du métier ou exécution de l'artiste. Sa manière reconnaissable.

**Filigrane.** Lettres, dessins, etc., visibles en transparence dans la pâte du papier.

**Flotté** (bois). Bois ayant séjourné dans l'eau.

**Fourré** (bijou). Bijou dans la matière précieuse duquel on a caché frauduleusement une matière sans valeur, pour tromper sur le poids.

**Fumé** (un). Première épreuve d'une gravure.

**Futurisme.** Voir *Orphisme*.

## G

**Galvano.** Cliché obtenu par l'opération de la galvanoplastie, d'après le cliché original.

## H

**Hachure.** Mode de facture avec es traits. propre au dessin à la plume et à la gravure en particulier.

**Héliogravure.** Procédé photographique de gravure en taille-douce.

## I

**Impressionnisme.** Qualité émotive essentielle de l'art, accaparée par une école de peintres à la suite de Manet.

## J

**Jus.** Véhicule fluide et transparent des couleurs à l'huile. « Jus de fumier » : purin.

## L

**Lavis.** Aquarelle exécutée plutôt en blanc et noir.

**Lice (Haute).** Tapisserie dont la chaine est tendue horizontalement sur le métier.

**Lice (Basse).** Tapisserie dont la chaine est tendue verticalement sur le métier.

**Lithographie.** Procédé qui consiste à reproduire un dessin exécuté au crayon gras sur une pierre spéciale.

## M

**Marli.** Rebord d'un plat, d'une assiette de faïence ou de porcelaine.

**Marouflage.** Opération par laquelle on colle la toile d'un tableau sur une autre toile, sur un panneau ou sur un mur. Les truqueurs appellent aussi *marouflage* leur manœuvre qui consiste à présenter une copie pour un original ou une réplique.

**Mauvais.** On dit d'une œuvre qu'elle est *mauvaise*, lorsqu'elle ne présente aucune qualité d'art.

**Métallisation.** Mode commerciale qui consiste à patiner des bustes, bas-reliefs et statues de plâtre de manière à ce qu'ils aient l'air d'être en métal. Par extension, la métallisation concerne aussi les maquillages du plâtre, en terre cuite, en marbre et toutes autres matières.

**Modelé.** Imitation du relief des formes.

**Morceau.** Fragment du corps, partie d'une œuvre.

**Motif.** Sujet ou prétexte d'inspiration.

## O

**Original.** Œuvre non reproduite ou personnelle.

**Orphisme.** Manière excentrique de voir et d'exprimer la

nature, lancée par des peintres jaloux du « cubisme » (voir ce mot).

## P

**Pastiche.** Œuvre imitée d'un maître. Ne pas confondre un pastiche avec une copie ou un faux.

**Patine.** Coloration imprévue et très avantageuse donnée par les ans et les intempéries aux œuvres d'art. La patine peut être obtenue aussi, artificiellement.

**Peigne.** Châssis rigide spécial au tissage, à travers les nombreuses lamelles verticales duquel on fait passer les fils de la chaîne pour les séparer les uns des autres.

**Placage.** Opération qui consiste à coller des feuilles de bois précieux sur du bois épais qui sert de bâti, de support. Il y a placage frauduleux, lorsque le placage masque l'économie du bois précieux : ce dernier, au lieu d'être taillé en pleine matière, n'étant appliqué qu'à la surface d'un bois quelconque.

**Plastique.** Expression du corps humain.

**Piqué** (bois). Bois piqué par les vers.

**Poinçons.** Signes et marques imprimés comme référence ou contrôle d'État, dans le métal précieux.

**Point.** Représentation d'un fil passé dans une tapisserie, dans une étoffe.

**Pointe-sèche,** voir *Burin*.
**Poncer.** Dévernir.

## R

**Reconstitution.** Constituer de nouveau, rétablir des parties disparues dans une œuvre.

**Réduction.** Action de réduire une œuvre, de la reproduire en petite dimension.

**Régénérer.** Terme employé par certains marchands de tableaux pour rendre aux couleurs leur vivacité à l'aide d'évaporations d'alcool.

**Rehauts.** Additions de couleurs pour faire ressortir des tons, des personnages, etc., en vue de l'effet.

**Remarque** (avec). Épreuve de gravure dans la marge de laquelle l'artiste a fait un petit croquis. Il y a aussi des épreuves dites avec remarque, à cause d'une faute d'ortographe ou d'une anomalie dans l'impression des lettres du titre.

**Rentoilage.** Opération qui consiste à reporter la peinture d'une vieille toile sur une toile neuve.

**Rentraiture.** Stoppage d'une tapisserie.

**Repeints.** Parties reprises, peintes après coup sur un tableau.

**Repentirs.** Faux traits, fausses touches, transparents sous les traits et touches définitifs, dans un dessin ou une peinture.

**Réplique.** OEuvre similaire ou répétée avec une légère variante.

**Repoussé** (cuivre, étain, etc.), c'est-à-dire modelé à coup de marteau.

**Résingle.** Outil qui, par vibrations, reproduit à l'intérieur des récipients de cuivre, d'étain, etc., sous l'action du marteau, des creux et des bosses; des modelés en un mot.

**Restaurateur.** Celui qui répare les vieux tableaux.

## S

**Sanguine.** Dessin fait avec un crayon d'un rouge jaunâtre.

**Sèche** (pointe), voir *burin*.

**Sépia.** Couleur à l'aquarelle d'un brun rougeâtre.

**Simili** (gravure en). Procédé de gravure photo-mécanique qui permet de reproduire les teintes du lavis, l'aquarelle en un mot. Voir, par opposition, à *trait*.

**Stries.** Petits sillons parallèles et longitudinaux.

**Style.** Pureté synthétique et essentielle d'une expression esthétique.

## T

**Taille-douce** (impression en). Mode d'impression en creux et non en relief comme la typographie. Les gravures au burin, à l'eau-forte, à la pointe sèche, etc. se tirent en taille-douce ainsi que l'héliogravure.

**Taille.** Incision faite avec le burin dans la gravure sur bois et sur cuivre.

**Tirage.** Action d'obtenir des épreuves (voir ce mot).

**Tournure** (à). On appelle un tableau « à tournure », un véritable tableau ancien, souvent mauvais, que l'on truque dans le sens d'un tableau de maître pour le vendre comme tel.

**Trait** (gravure au). Procédé photomécanique (photogravure), qui exprime le trait du crayon et de la plume. Voir, par opposition, le mot *simili*.

**Trame.** Ensemble des fils passés à la navette entre ceux de la chaîne (voir ce mot); ils constituent une tapisserie, une étoffe. Le *canevas* lui, tout préparé, représente à la fois la chaîne et la trame sur lesquelles on exécutera les points de tapisserie.

## V

**Véhicule.** Le véhicule des couleurs est le liquide dans lequel on les délaie.

**Velouté.** Doux à l'œil et au toucher.

**Voiler.** Sous l'action du temps, le vernis devient opalin, il perd sa transparence, il se *voile*.

**Voilé** (un marli) se dit d'un rebord d'assiette, de plat légèrement gondolé.

# TABLE DES MATIÈRES

| CHAPITRES | PAGES |
|---|---|
| I. — Le Mirage de l'Antiquité. — Amateurs et Snobs — Marchands d'illusion | 1 |
| II — Les caprices de la Beauté. — Art et appréciation. — Le vrai, le faux. — Comment s'y reconnaître | 23 |
| III. — Les deux larrons. — L'antiquité inépuisable. — Les aléas du bibelotage | 47 |
| IV. — Les pièges tendus à l'amateur. — Comment il se défend | 75 |
| V. — Les faux dessins. — Les fausses estampes | 101 |
| VI. — Les faux tableaux | 131 |
| VII. — Les fausses statues en bois, en marbre, en terre cuite, en ivoire, etc | 165 |
| VIII. — Les faux meubles | 191 |
| IX. — Les faux meubles (suite et fin) | 211 |
| X. — Les fraudes du métal : cuivre, étain, or, argent. — La fausse céramique. — Les faux silex, etc. | 227 |
| XI. — Les faux tissus, costumes et dentelles | 255 |
| XII. — Les fausses tapisseries. — Les faux émaux et vitraux. — Les faux bijoux et miniatures, etc. | 273 |
| XIII. — Le truquage des bronzes. — Les fausses médailles, armes et armures, etc | 297 |
| XIV. — Terminologie | 321 |

TOURS, IMPRIMERIE DESLIS FRÈRES ET Cⁱᵉ.

EXTRAIT DU CATALOGUE DE
**R. ROGER et F. CHERNOVIZ, Libraires-Éditeurs**
99, BOULEVARD RASPAIL, et 38, RUE DE FLEURUS, PARIS (VI<sup>e</sup>)

SOUS PRESSE                                NOUVELLE COLLECTION :

# "Guides pratiques de l'Amateur et du Collectionneur d'Art"

Sous la Direction de
### ÉMILE-BAYARD
PEINTRE-ILLUSTRATEUR
INSPECTEUR AU MINISTÈRE DES BEAUX-ARTS

Chaque volume in-18 jésus, avec nombreuses illustrations et reproductions photographiques, *broché*. . . . . . . . . . **5 fr.**
*Relié toile, fers spéciaux*. . . . . . . . . . . . . . **6 fr.**

**EN VENTE :**

I.    L'Art de Reconnaître la Céramique
II.    L'Art de Reconnaître les Fraudes

PARAITRONT SUCCESSIVEMENT :

III. L'Art de Reconnaître les Tapisseries, Tapis, etc.

IV. L'Art de Reconnaître les Dentelles et Broderies.

V. L'Art de Reconnaître les Vitraux et les Émaux.

VI. L'Art de Reconnaître les Gravures.

VII. L'Art de Reconnaître les Écoles de Peinture.

VIII. L'Art de Reconnaître les Écoles de Sculpture.

IX. L'Art de Reconnaître les Armes et les Armures.

X. L'Art de Reconnaître le Costume et la Coiffure.

XI. L'Art de Reconnaître la Ferronnerie.

XII. L'Art de Reconnaître les Meubles, etc., etc.

*On reçoit dès maintenant les souscriptions à la Collection complète ou à chaque ouvrage séparément.*

EN SOUSCRIPTION :

## PIERRE GUSMAN

## HISTOIRE

DE LA

# GRAVURE SUR BOIS

Un volume de plus de 200 pages avec 200 illustrations
Gravées sur bois par les maitres de la gravure les plus illustres

### JUSTIFICATION DU TIRAGE

500 exemplaires numérotés, sur papier à la cuve des papeteries du Marais, au filigrane de l'ouvrage. In-8° jésus. . . **30 fr.**

20 exemplaires numérotés, sur papier de Chine, in-4° carré, à grandes marges, souscrits . . . . . . . . . . **100 fr.**

La composition ne sera pas conservée et il ne sera pas fait d'autres tirages de cet ouvrage. — Il sera tiré quelques exemplaires, pour l'auteur et la presse, non numérotés, qui ne pourront être vendus et porteront en première page le mot « Hommage ».

La gravure sur bois n'avait pas, jusqu'ici, été présentée dans son évolution historique appuyée sur un aperçu technique. C'est ce que M. Pierre Gusman a tenté de faire. L'auteur prend la gravure sur bois de ses origines éloignées et, passant par la période japonaise, arrive jusqu'à nos jours. Une abondante illustration reproduit à la même dimension des gravures anciennes des $xv^e$, $xvi^e$, $xvii^e$, $xviii^e$ siècles, dont un certain nombre seront tirées sur les planches originales que des collectionneurs éclairés ont confiées à l'auteur. Du $xix^e$ siècle, les meilleurs spécimens seront présentés. Ainsi nous pourrons revoir des gravures d'après Tony Johannot, Grandville, Gavarni, Meissonnier, Menzel, Gustave Doré, Morin, Vierge, et les planches signées de Pisan, Rouget, Pannemaker, Aug. Lepère, Florian, Ch. Bellenger, Adolphe Gusman, Thiriat, Robert Langeval, Léveillé, et de bien d'autres, tirées sur les bois eux-mêmes.

Le livre de M. Pierre Gusman arrive à son heure et a l'avantage d'être traité par un spécialiste, graveur et écrivain d'art dont les travaux ont été plusieurs fois couronnés par l'Académie française et par l'Académie des Beaux-Arts.

En souscription :                  *Vient de paraître :*

## TOME DEUXIÈME
DU
## Dictionnaire Critique et Documentaire
DES
# PEINTRES
### DESSINATEURS, GRAVEURS ET SCULPTEURS
de tous les temps et de tous les pays

PAR UN GROUPE D'ÉCRIVAINS SPÉCIALISTES FRANÇAIS & ÉTRANGERS

SOUS LA DIRECTION DE
### E. BÉNÉZIT

*Trois forts volumes in-8° raisin, tirés sur papier des papeteries du Marais et sur caractère neuf fondu spécialement pour l'ouvrage*, avec **nombreuses illustrations hors texte sur papier couché**, *d'après les maîtres*.

CONDITIONS ACTUELLES DE LA SOUSCRIPTION :

L'ouvrage complet broché **80 francs**, payables *à la réception* des Tomes I et II, le Tome III devant être remis gratuitement broché (ou relié moyennant **5 francs**, aux souscripteurs. Reliure, **5 francs** par volume.

A l'achèvement de l'ouvrage, le prix sera porté à **100 francs broché.**
Le tome III paraîtra en 1914.

Le dictionnaire de BÉNÉZIT sera l'ouvrage où l'on trouvera classés, dans un ordre méthodique, les renseignements les plus divers, que l'on ne peut se procurer, actuellement, qu'au prix de longues et difficiles recherches, quand on parvient même à les trouver. Il renfermera une quantité considérable de renseignements inédits **et contiendra plus de 25 millions de lettres.** Dans ses trois volumes on trouvera le double de matière que dans les ouvrages de ce genre les plus complets.

Il contiendra notamment : 1° La biographie de chaque artiste; — 2° La liste de ses œuvres dans tous les musées du monde, édifices publics, etc. ; — 3° La liste de ses œuvres dans les grandes collections mondiales ; — 4° Les œuvres parues dans les salons, expositions des beaux-arts des différents pays ; — 5° Le prix atteint par ses œuvres dans les ventes publiques ; — 6° Un dictionnaire de monogrammes et marques de collections particulières, la signature des principaux artistes, etc.

## GEORGES DE LYS
# GROGNARDS et CONSCRITS

Un volume in-4° raisin de 300 pages avec nombreuses illustrations
Broché. . . . . . . . . . . . . . . . . . . . . . . . . . . **8** »
Reliure amateur, 1/2 toile, tranches dorées, aquarelle. . . **9** »

### VOLUMES GRAND IN-4, 27×34

Broché. . . . . . . . . . . . . . . . . . . . . . . . . . . **8** »
Reliure toile, *plaque spéciale à chaque volume*, tranches dorées **12** »
Reliure amateur, 1/2 toile, coins, tranches dorées . . . . **12** »

| PAUL BOURGET | G. DE LYS |
|---|---|
| DE L'ACADÉMIE FRANÇAISE | |
| **Contes Choisis** | **Sur la Grève et dans la Lande** |
| Un volume | Un volume |
| *Illustrations de A. et G. CHANTEAU* | *Illustrations de COUTURIER* |

### ERNEST DAUDET

| **L'Enfant Vainqueur** | **Pages Choisies** |
|---|---|
| Un volume | Un volume |

*Illustrations de A. et G. CHANTEAU*

### HENRY BORDEAUX

| **La Petite Mademoiselle** | **La Peur de Vivre** |
|---|---|
| Un volume | Un volume |

*Illustrations de A. VALLET*

www.ingramcontent.com/pod-product-compliance
Lightning Source LLC
Chambersburg PA
CBHW072020150426
43194CB00008B/1186